京华通览

历史文化名城

主编/段柄仁

北京的古典园林

谭列飞/编著

北京出版集团公司
北京出版社

图书在版编目（CIP）数据

北京的古典园林 / 谭烈飞编著. —北京：北京出版社，2018.3
（京华通览）
ISBN 978-7-200-13445-2

Ⅰ.①北… Ⅱ.①谭… Ⅲ.①古典园林—介绍—北京 Ⅳ.①K928.73

中国版本图书馆CIP数据核字（2017）第266535号

审图号 京S（2013）034号

出版人　曲　仲
策　划　安　东　于　虹
项目统筹　孙　菁　董拯民
责任编辑　孙　菁　周海燕
封面设计　田　晗
版式设计　云伊若水
责任印制　燕雨萌

《京华通览》丛书在出版过程中，使用了部分出版物及网站的图片资料，在此谨向有关资料的提供者致以衷心的感谢。因部分图片的作者难以联系，敬请本丛书所用图片的版权所有者与北京出版集团公司联系。

北京的古典园林
BEIJING DE GUDIAN YUANLIN

谭烈飞　编著

北京出版集团公司
北京出版社　　出版

*

（北京北三环中路6号）
邮政编码：100120

网　址：www.bph.com.cn
北京出版集团公司总发行
新 华 书 店 经 销
天津画中画印刷有限公司印刷

*

880毫米×1230毫米　32开本　8.125印张　167千字
2018年3月第1版　2022年11月第3次印刷
ISBN 978-7-200-13445-2
定价：45.00元

如有印装质量问题，由本社负责调换
质量监督电话：010-58572393

《京华通览》编纂委员会

主　任　段柄仁
副主任　陈　玲　曲　仲
成　员　（按姓氏笔画排序）
　　　　于　虹　王来水　安　东　运子微
　　　　杨良志　张恒彬　周　浩　侯宏兴
主　编　段柄仁
副主编　谭烈飞

《京华通览》编辑部

主　任　安　东
副主任　于　虹　董拯民
成　员　（按姓氏笔画排序）
　　　　王　岩　白　珍　孙　菁　李更鑫
　　　　潘惠楼

序
PREFACE

擦亮北京"金名片"

段柄仁

北京是中华民族的一张"金名片"。"金"在何处？可以用四句话描述：历史悠久、山河壮美、文化璀璨、地位独特。

展开一点说，这个区域在 70 万年前就有远古人类生存聚集，是一处人类发祥之地。据考古发掘，在房山区周口店一带，出土远古居民的头盖骨，被定名为"北京人"。这个区域也是人类都市文明发育较早，影响广泛深远之地。据历史记载，早在 3000 年前，就形成了燕、蓟两个方国之都，之后又多次作为诸侯国都、割据势力之都；元代作为全国政治中心，修筑了雄伟壮丽、举世瞩目的元大都；明代以此为基础进行了改造重建，形成了今天北京城的大格局；清代仍以此为首都。北京作为大都会，其文明引领全国，影响世界，被国外专家称为"世界奇观""在地球表面上，人类最伟大的个体工程"。

北京人文的久远历史，生生不息的发展，与其山河壮美、宜生宜长的自然环境紧密相连。她坐落在华北大平原北缘，"左环沧海，右拥太行，南襟河济，北枕居庸""龙蟠虎踞，形势雄伟，南控江淮，北连朔漠"，是我国三大地理单元——华北大平原、东北大平原、内蒙古高原的交会之处，是南北通衢的纽带，东西连接的龙头，东北亚环渤海地区的中心。这块得天独厚的地域，不仅极具区位优势，而且环境宜人，气候温和，四季分明。在高山峻岭之下，有广阔的丘陵、缓坡和平川沃土，永定河、潮白河、拒马河、温榆河和蓟运河五大水系纵横交错，如血脉遍布大地，使其顺理成章地成为人类祖居、中华帝都、中华人民共和国首都。

这块风水宝地和久远的人文历史，催生并积聚了令人垂羡的灿烂文化。文物古迹星罗棋布，不少是人类文明的顶尖之作，已有1000余项被确定为文物保护单位。周口店遗址、明清皇宫、八达岭长城、天坛、颐和园、明清帝王陵和大运河被列入世界文化遗产名录，60余项被列为全国重点文物保护单位，220余项被列为市级文物保护单位，40片历史文化街区，加上环绕城市核心区的大运河文化带、长城文化带、西山永定河文化带和诸多的历史建筑、名镇名村、非物质文化遗产，以及数万种留存至今的历史典籍、志鉴档册、文物文化资料，《红楼梦》、"京剧"等文学艺术明珠，早已成为传承历史文明、启迪人们智慧、滋养人们心灵的瑰宝。

中华人民共和国成立后，北京发生了深刻的变化。作为国家首都的独特地位，使这座古老的城市，成为全国现代化建设的领头雁。新的《北京城市总体规划（2016年—2035年）》的制定和中共中央、国务院的批复，确定了北京是全国政治中心、文化中心、国际交往中心、科技创新中心的性质和建设国际一流的和谐宜居之都的目标，大大增加了这块"金名片"的含金量。

伴随国际局势的深刻变化，世界经济重心已逐步向亚太地区转移，而亚太地区发展最快的是东北亚的环渤海地区、这块地区的京津冀地区，而北京正是这个地区的核心，建设以北京为核心的世界级城市群，已被列入实现"两个一百年"奋斗目标、中国梦的国家战略。这就又把北京推向了中国特色社会主义新时代谱写现代化新征程壮丽篇章的引领示范地位，也预示了这块热土必将更加辉煌的前景。

北京这张"金名片"，如何精心保护，细心擦拭，全面展示其风貌，尽力挖掘其能量，使之永续发展，永放光彩并更加明亮？这是摆在北京人面前的一项历史性使命，一项应自觉承担且不可替代的职责，需要做整体性、多方面的努力。但保护、擦拭、展示、挖掘的前提是对它的全面认识，只有认识，才会珍惜，才能热爱，才可能尽心尽力、尽职尽责，创造性完成这项释能放光的事业。而解决认识问题，必须做大量的基础文化建设和知识普及工作。近些年北京市有关部门在这方面做了大量工作，先后出版了《北京史》（10卷本）、《北京百科全书》（20卷本），各类志书近900种，以及多种年鉴、专著和资料汇编，等等，为擦亮北京这张"金名片"做了可贵的基础性贡献。但是这些著述，大多是服务于专业单位、党政领导部门和教学科研人员。如何使其承载的知识进一步普及化、大众化，出版面向更大范围的群众的读物，是当前急需弥补的弱项。为此我们启动了《京华通览》系列丛书的编写，采取简约、通俗、方便阅读的方法，从有关北京历史文化的大量书籍资料中，特别是卷帙浩繁的地方志书中，精选当前广大群众需要的知识，尽可能满足北京人以及关注北京的国内外朋友进一步了解北京的历史与现状、性质与功能、特点与亮点的需求，以达到"知北京、爱北京，合力共建美好北京"的目的。

这套丛书的内容紧紧围绕北京是全国的政治、文化、国际交往和科技创新四个中心，涵盖北京的自然环境、经济、政治、文化、社会等各方面的知识，但重点是北京的深厚灿烂的文化。突出安排了"历史文化名城""西山永定河文化带""大运河文化带""长城文化带"四个系列内容。资料大部分是取自新编北京志并进行压缩、修订、补充、改编。也有从已出版的北京历史文化读物中优选改编和针对一些重要内容弥补缺失而专门组织的创作。作品的作者大多是在北京志书编纂中捉刀实干的骨干人物和在北京史志领域著述颇丰的知名专家。尹钧科、谭烈飞、吴文涛、张宝章、郗志群、马建农、王之鸿等，都有作品奉献。从这个意义上说，这套丛书中，不少作品也可称"大家小书"。

总之，擦亮北京"金名片"，就是使蕴藏于文明古都丰富多彩的优秀历史文化活起来，充满时代精神和首都特色的社会主义创新文化强起来，进一步展现其真善美，释放其精气神，提高其含金量。

2017 年 11 月

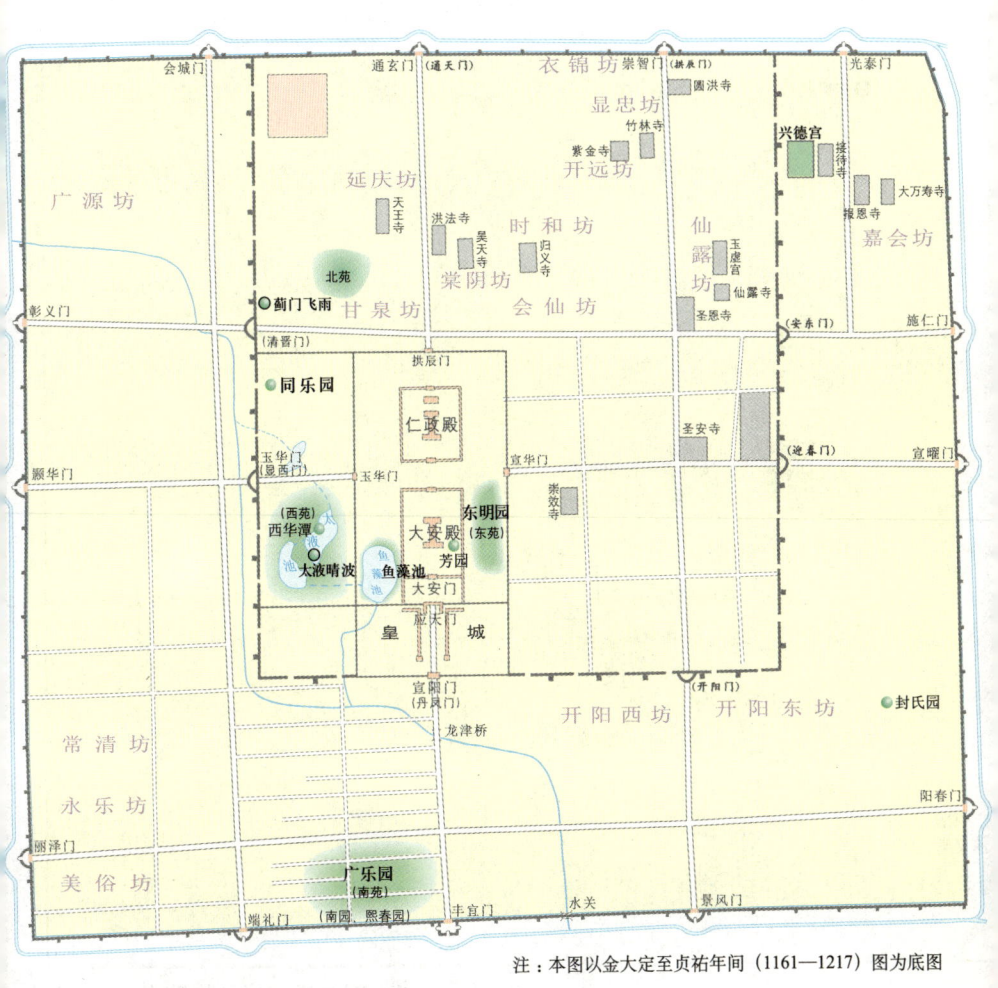

金中都城园林

金中都郊区园林

注：本图以金大安元年（1209）图为底图

图例
- 燕京八景
- 风景园林区

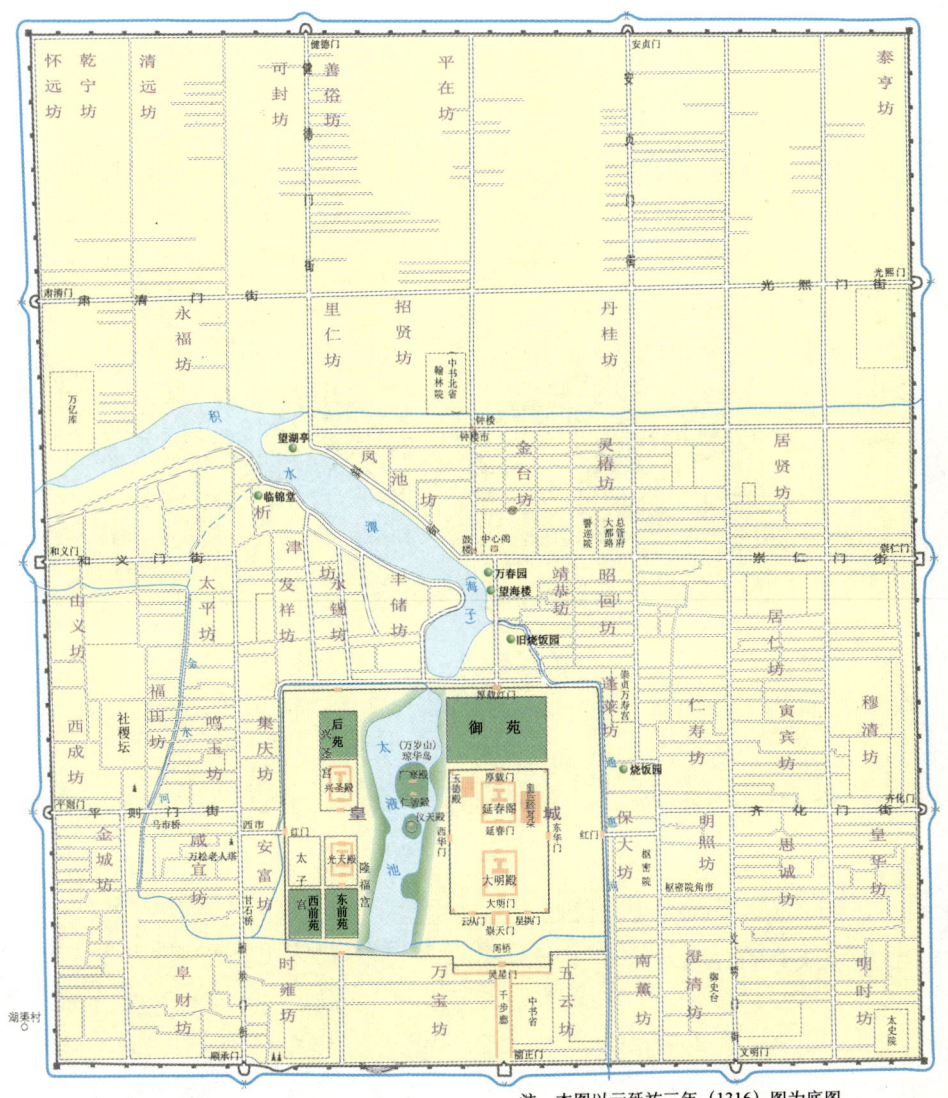

元大都城园林

注：本图以元延祐三年（1316）图为底图

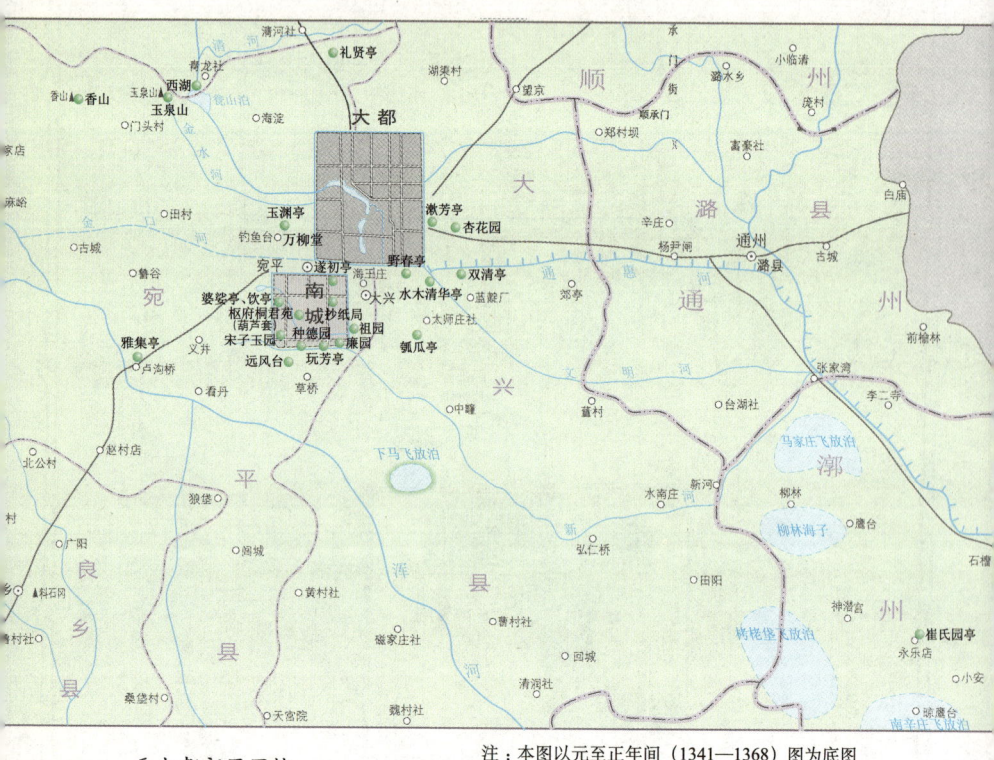

元大都郊区园林

注：本图以元至正年间（1341—1368）图为底图

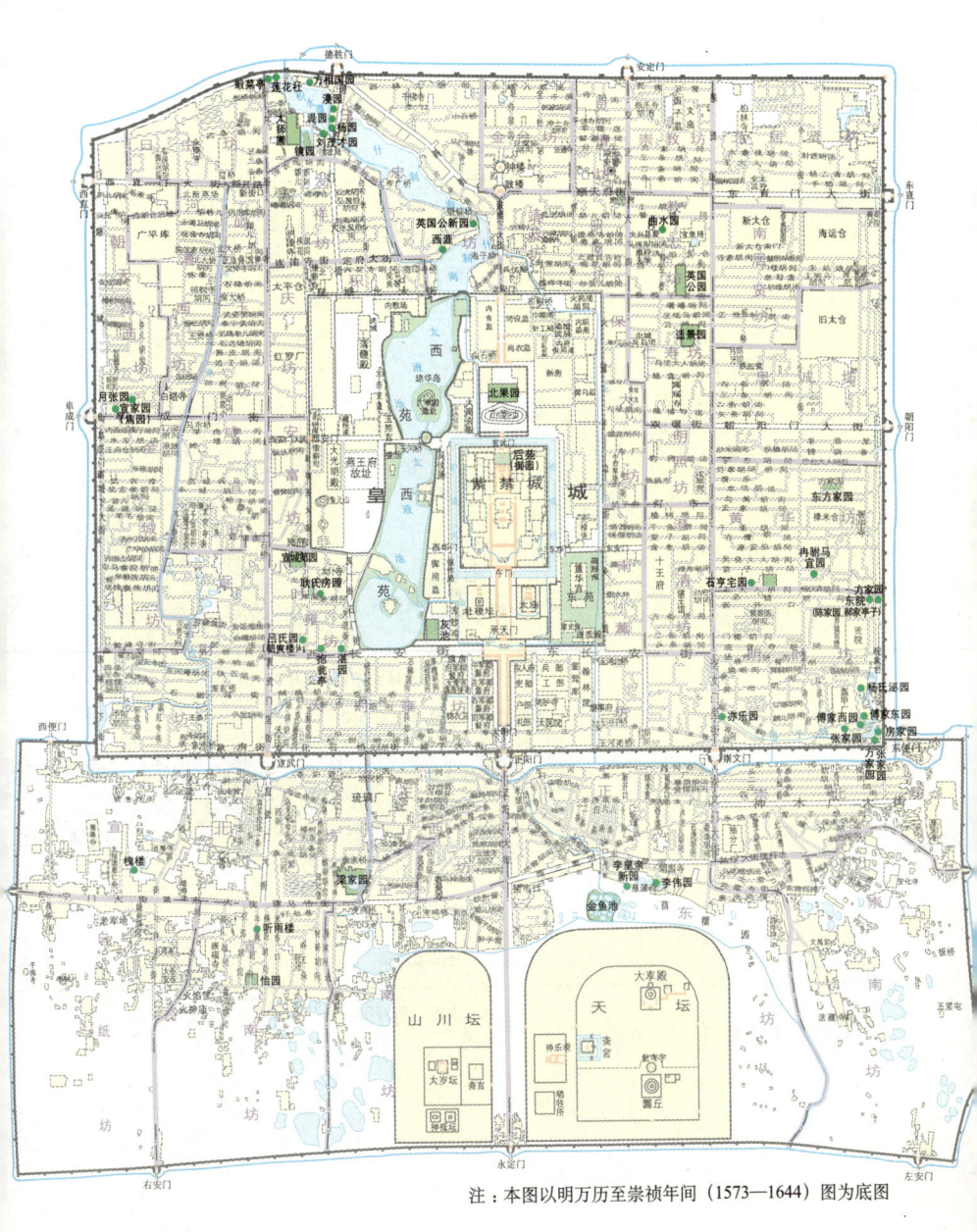

注：本图以明万历至崇祯年间（1573—1644）图为底图

明北京城内私园

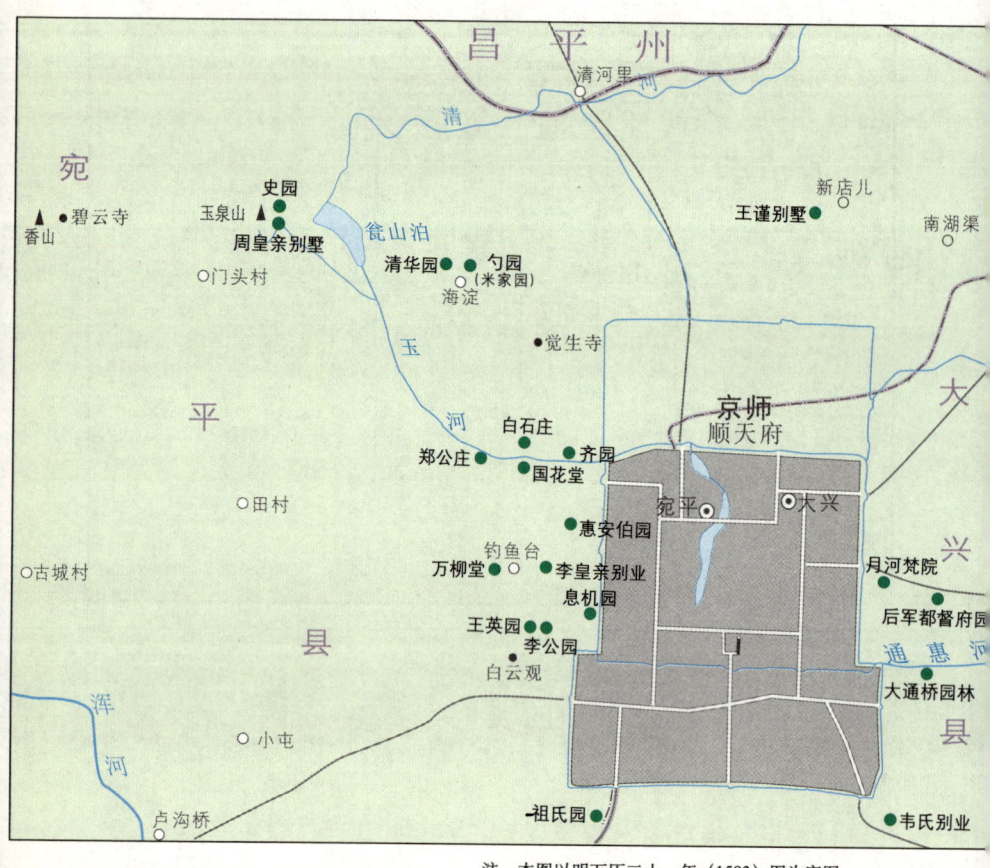

明北京郊区私园

注：本图以明万历二十一年（1593）图为底图

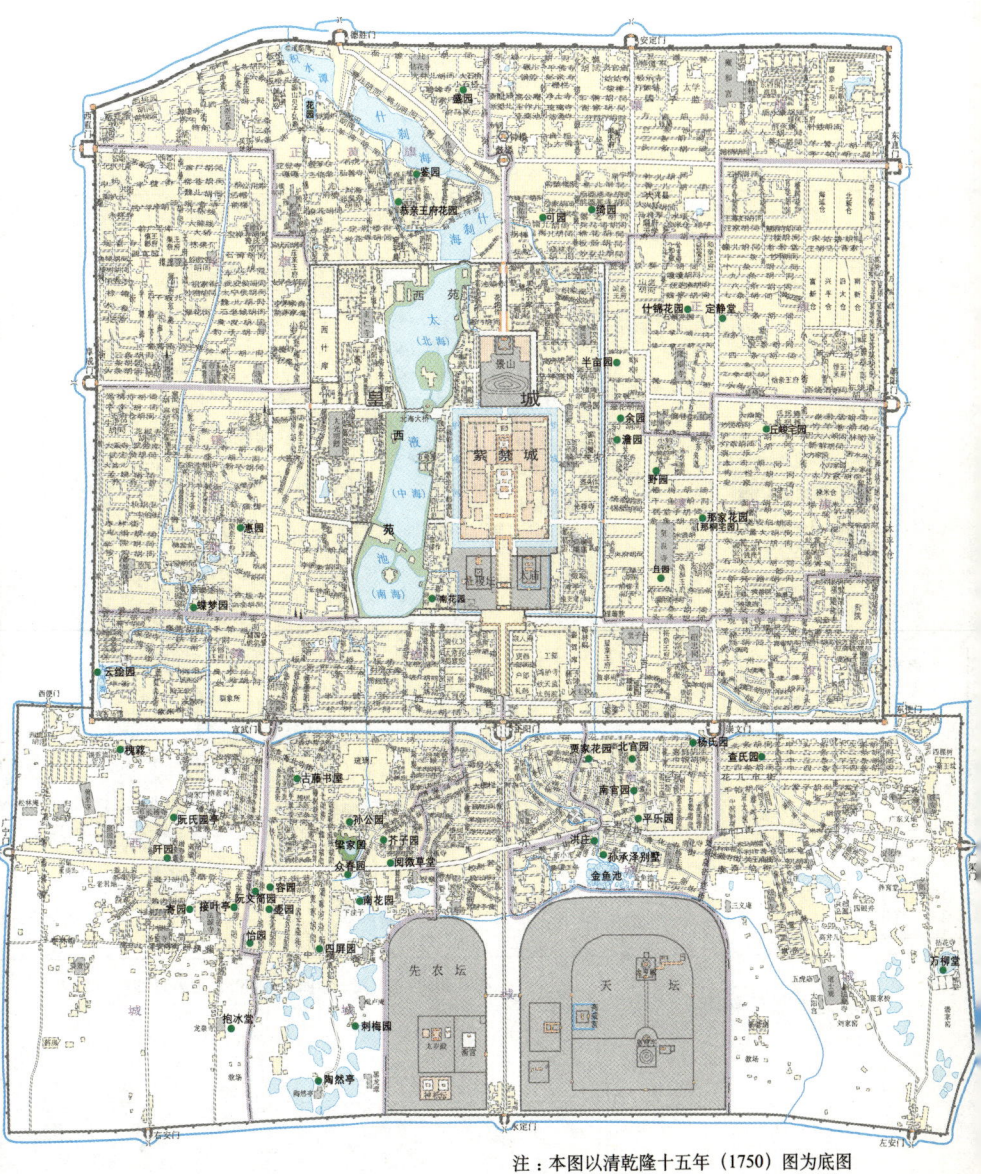

清北京城内私园

注：本图以清乾隆十五年（1750）图为底图

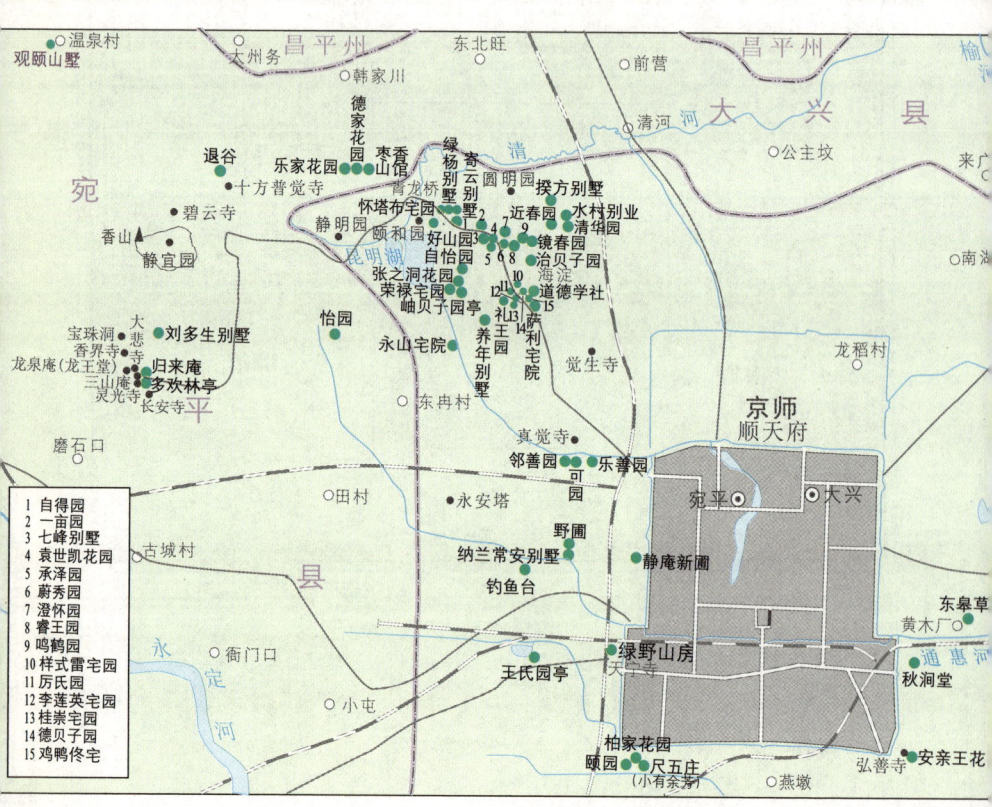

清北京郊区私园

1 自得园
2 一亩园
3 七峰别墅
4 袁世凯花园
5 承泽园
6 蔚秀园
7 澄怀园
8 睿王园
9 鸣鹤园
10 样式雷宅园
11 厉氏园
12 李莲英宅园
13 桂崇宅园
14 德贝子园
15 鸡鸭佟宅

注：本图以清光绪三十四年（1908）图为底图

目录

CONTENTS

引 言 / 1

皇家宫苑

溯 源 / 4

辽南京的宫苑 / 4

金中都的宫苑 / 5

元大都的宫苑 / 8

明北京的宫苑 / 11

清北京的宫苑 / 16

民国北京的宫苑 / 42

中华人民共和国北京的宫苑公园 / 44

皇家宫苑集萃 / 48

紫禁城御花园 / 48

清漪园—颐和园 / 53

圆明园 / 78

香山静宜园 / 102

　　　　　　　　　北　海 / 112

　　　　　　　　　景　山 / 129

坛庙园林　源流演变 / 135

　　　　　　坛庙园林集萃 / 145

　　　　　　　　　天　坛 / 145

　　　　　　　　　地　坛 / 154

　　　　　　　　　日　坛 / 158

　　　　　　　　　月　坛 / 160

　　　　　　　　　社稷坛—中山公园 / 162

　　　　　　　　　太庙—劳动人民文化宫 / 169

寺观园林　寺观园林大观 / 173

　　　　　　寺观园林集萃 / 195

　　　　　　　　　潭柘寺 / 195

　　　　　　　　　戒台寺 / 199

　　　　　　　　　八大处 / 206

　　　　　　　　　碧云寺 / 210

宅　园　宅园概说 / 214

　　　　　　宅园集萃 / 228

　　　　　　　　　恭王府花园 / 228

　　　　　　　　　醇亲王花园—宋庆龄故居 / 230

　　　　　　　　　双清别墅 / 233

　　　　　　　后　记 / 241

引 言

  北京的园林源远流长，远在春秋战国时期的燕都蓟城，即开始有了北京最早的园林。古代园林一直是以皇家宫苑建设为主线不断发展，与其相随的是坛庙园林、陵园、宅园、寺观园林等。在三千多年的历史沧桑中，由于朝代更迭、城池变迁、战争破坏等原因，园林屡建屡废，早期遗存已然寥寥。现存宫苑园林大部分是明、清两代所建，每次兴废，在园林建设上都有进一步的飞跃和发展。至清乾隆时期，北京园林的规模、造园艺术均达到了历史的顶峰。北京西郊形成以玉泉山、香山、万寿山和圆明园、畅春园、静宜园、静明园、清漪园为代表的"三山五园"的皇家园林。园域广阔、建筑雄伟、景色幽美、艺术精湛，尽纳天下名园胜景于其中，既庄重雄浑又精巧秀丽，是中华民族文化的结晶。

  北京的坛庙始建于西周，明代嘉靖时期奠定了北京坛庙的格局，现存坛庙多数为明代所建，少数为清代增葺。北京的坛庙在历史上曾是封建帝都的标志,既有雄伟壮观之建筑,又有高大茂盛之树木,成为北京园林的独特景观。

　　北京的寺观园林始于魏晋,盛于明代。诸多寺观以环境之幽美和庭院花木的培植闻名京城。寺观园林将寺观建筑、宗教景物、树木花卉、天然山水结合为一体,小观为寺观院内之园林花木;大览则为构成萦环寺观的园林风景,成为赏花游览胜地。

　　北京自辽、金以来,贵戚官宦、文人雅士聚居,第宅相望,遍布京城。特别是明、清修建了大量王府花园和私人宅园,其中,不少名园具有较高的造园艺术。

颐和园万寿山前建筑群

皇家宫苑

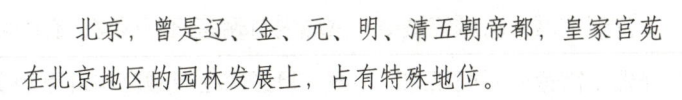

北京，曾是辽、金、元、明、清五朝帝都，皇家宫苑在北京地区的园林发展上，占有特殊地位。

皇家宫苑与皇宫相毗连，称为大内御苑；而大多数则建在郊外风景优美、环境幽静的地方，这些离宫御苑常常作为皇帝长期居住并处理朝政的地方，也担负着政治中心的作用。

皇家宫苑是中国传统文化的重要组成部分，它不仅客观而又真实地反映了中国历代王朝不同的历史背景、社会经济的兴衰和工程技术的水平，而且特色鲜明地折射出中国人自然观、人生观和世界观的演变，蕴含了儒、释、道等哲学或宗教思想及山水诗、画等传统艺术的影响。

这些宫苑历史悠久，类型多样。它们园域广阔，建筑宏伟，景色幽美，艺术精湛，既庄重雄浑又精巧秀丽，是中华民族文化历史的结晶。

溯　源

　　北京地区最早见于文献记载的帝王宫苑，是春秋战国时期燕王在蓟城西郊营建的宁台和元英、历室诸宫。燕昭王时为招贤纳士，还在宫苑区建有著名的碣石宫。

　　西汉建都长安，汉武帝元狩六年（公元前117年），封其子刘旦为燕王，治蓟。刘旦觊觎帝位，僭越礼制，宫室相当豪华，王宫筑宫城，宫城筑城楼，宫城内有朝宫曰万载宫，有朝殿曰明光殿；宫旁有溪渠和池沼。燕王旦经常在万载宫与群臣姬妾饮酒作乐。

　　隋代仍都长安，蓟城为北方重镇，称幽州，后又改称涿郡。隋炀帝北巡，大业五年（609年）在蓟城修筑临朔宫行宫。宫内恢宏壮丽，有怀荒殿等建筑，为见于文献记载的北京地区的第一座帝王行宫。大业七年（611年），隋炀帝亲征高丽，曾驻跸于临朔宫。

辽南京的宫苑

　　北京地区皇家宫苑的大规模兴建始于辽代。辽代，北京称南京，又称燕京，是当时北方人口稠密、市井繁华的城市。辽代皇帝在每年的春、夏、秋、冬四季都要以到各地狩猎或避寒暑的名义，召集臣僚商议军政大事，称为"四时捺钵"。南京京城内外的皇家宫苑，主要有长春宫、内果园、栗园、瑶屿、延芳淀，还有华林、天柱二庄。

延芳淀在燕京东南潞阴县，是辽皇室及贵族弋猎之所。《辽史·地理志》记载，延芳淀为一巨大的水泊，"方数百里"，芦苇丛生，绿柳绕岸，每当春季常有鹅鹜飞集其上。辽圣宗时期，圣宗及其母承天太后经常临幸延芳淀。春猎时，皇帝在湖边设帐幕，士兵身穿绿衣环湖而立。一旦发现鹅群，立即鸣鼓，猎人乘鹅群惊飞之时放出鹰鹘进行捕捉，捕到第一只鹅者受到赏赐。延芳淀在辽代是著名的游览胜地，当时今通州南境尽是水乡泽国景象。

金中都的宫苑

金贞元元年（1153年）改燕京为中都，定为国都。在扩建城池和宫殿的同时，即开始营建苑囿。琼林苑是海陵王在辽代苑囿湖泊的基础上扩建而成。苑中湖泊，辽代称"瑶池"，金改称"鱼藻池"。池中有岛，岛上有鱼藻殿；池的东、北、西岸建有楼、亭、殿、阁。仿照北宋汴京御苑之名，称琼林苑。琼林苑为金代宫中名苑，美丽、壮观，被称为"尽人神之壮丽"的皇家园林。

西苑又称同乐园，位于宫城西华门外。苑内湖水与宫城内的鱼藻池相连，统称西华潭，也称太液池。同乐园中湖泊相连，水道相通，称为"十洲三岛"，皇帝可以乘舟遍游各湖观赏全园景色。

金太液池遗址

同乐园有瑶池、蓬瀛、柳庄、杏村等景点。大定十年（1170年），金世宗宴群臣于同乐园之瑶池。金章宗时每年清明节，同乐园中设立九市，供皇帝游玩。

南苑又称熙春园、广乐园，位于宫城宣阳门外。苑中有常武殿、熙春殿。金贞元二年（1154年），海陵王到常武殿"击鞠"游戏。自大定三年（1163年）起，每年端午，世宗率领皇太子、亲王、百官到广乐园"射柳"，在常武殿赐宴、击球。每年正月上元节还在园内设立灯山之景，致使大定二十三年（1183年）灯山失火，延及园中熙春殿。

北苑位于宫城西北。苑中有溪流池沼，莲花草坪，园亭树木。由于此处禁苑，帝、后不常临幸，比较冷清，因而曾发生监察御史携妓女游北苑，歌饮池岛间，迫近殿庭的事件，结果受到刑杖处分。

东苑又称东明园，位于宫城内东侧迤南，靠近东宫。皇帝、太子常到东苑游玩，大定十七年（1177年）四月十三日，世宗与太子、诸王在东苑观赏牡丹。明昌二年（1191年）正月，章宗御东苑北侧之宣华殿，集百官及宫人、内外命妇，大列伎乐，又纵令诸伶人百端以为乐戏。

芳苑为东宫内庭花园。泰和二年（1202年）上元节，章宗曾去芳苑观灯。芳苑与东宫外的东苑有门相通，或为东苑的组成部分。

金章宗是最早建设与经营西山园林的皇帝，建了有名的"八大水院"。即清水院（大觉寺），今海淀区阳台山下大觉寺，位于海淀区西北阳台山麓；金水院（金山寺），位于今海淀区北安河阳台山上金仙庵；香水院（法云寺），俗称七王坟，位于海淀区北安河今七王坟后；圣水院（黄普寺），又名黄普院，位于今海

清水院（大觉寺功德池）

淀区聂各庄车耳营村西北五里；灵水院（栖隐寺），位于今门头沟区妙峰山仰山下的栖隐寺；双水院（双泉寺），即香盘寺，位于今石景山区五里坨乡双泉村北；潭水院（香山寺），即香山公园香山寺，位于今海淀区香山公园内，是香山寺的双清别墅；泉水院（芙蓉寺），即玉泉山芙蓉殿，位于今海淀区玉泉山院内。这些都成了金章宗的行宫，他经常到这里狩猎、避暑。

太宁宫位于金中都的东北郊（今北海及其附近一带），始建于大定六年（1166年），大定十九年（1179年）建成。太宁宫是一处规模很大的行宫，内有琼华岛和广寒殿等多处殿堂。金章宗在营建太宁宫时，还将北宋汴京艮岳园中的太湖石运至中都，点缀于琼华岛上。太宁宫是金代皇帝经常游幸之所，金章宗时每年有几个月的时间驻跸于此，并在苑中紫宸殿受朝，处理政务。

建春宫位于中都城南郊，承安三年（1198年）始命名，是金代皇帝春天经常游幸之所。仅承安四年（1199年）春天，金章宗即5次临幸建春宫。

贞祐三年（1215年），蒙古骑兵攻取中都，中都宫殿苑囿被焚，化为一片瓦砾。

元大都的宫苑

元代，至元四年（1267年），以太宁宫为中心重建新城，称大都。元大都是按照《周礼·考工记》所记"左祖右社，面朝后市"的规制营建的，是当时世界上最为恢宏壮丽、规划整齐的城市。

元建大都将太宁宫及其一带的湖泊纳入皇城，并以万岁山、太液池为中心，东为大内，西为隆福宫和兴圣宫，形成三宫鼎立、宫殿与园林紧密结合的格局。

元代为解决漕运和大都城的用水，由水利工程专家郭守敬主持，从昌平东南的白浮泉引水，沿西山而行，与西山诸水汇于瓮山泊（今昆明湖），再东南流入高梁河，由和义门（今西直门）北水关进入大都城，汇于当时的积水潭，再沿宫城东墙南下注入通惠河，以接济大运河。与此同时，又开金水河，引玉泉水，经和义门南水关入大都城，流入皇家苑囿。元代对大都水源的开发，不仅繁荣了大都的商业交通，也直接影响到北京地区园林区域的北迁和发展。

元代大都皇家苑囿的开发，主要集中于万岁山、太液池。万岁山是太液池中最大的一个岛屿，金称琼华岛。万岁山的主峰顶，建广寒殿，是元世祖忽必烈时的主要宫殿之一。太液池中的另外两个岛屿，一名犀山台，一名圆坻。

西前苑是与寝宫交错在一起的一处小型宫苑。苑前有新殿，半临邃河。新殿后有水晶二圆殿，起于水中，通用琉璃为饰，日光回彩，宛若水宫。中建长桥，远引修衢而入嘉禧殿。桥旁竖立二石，高可二丈，阔止尺余，金彩光芒，利锋如斫。度桥步万花入懿德殿。由殿后出掖门，皆丛林，中起小山，高五十丈，分东西延缘而升，皆崇怪石，间植异木，杂以幽芳，自顶绕注飞泉，岩下穴为深洞，有飞龙喷雨其中。山上复为层台，回栏邃阁，高出空中。山后仍为寝宫。

宫城后御苑位于皇城北门厚载门之北，西临太液池，外周垣红门15座，内苑红门5座，御苑红门4座，苑内有水碾，引水自玄武池，灌溉种植花木，自有熟地8顷。苑西有翠殿，又有花亭、球阁、金殿。金殿四外尽植牡丹，有百余本，高可五尺。御苑外重绕长庑，庑后出内墙，外连海子，以接厚载门。门上建高阁，东百步有观台，台旁有雪柳万株。

西御苑在隆福宫西，为皇后妃子的居住地。内有石假山，其上建香殿，丹楹琐窗，间金藻绘，玉石础，琉璃瓦。山前有圆殿，殿顶置涂金宝珠。圆殿后有流杯池，池东西有流水圆亭二，与圆殿有庑相连。圆殿前有歇山殿，歇山殿池中有东西水心亭，歇山殿后又有东西二亭。池边多立奇石，曰小蓬莱。

南海子位于南郊，为了便于春猎秋狩，在南海子建殿修道，殿旁有晾鹰台。元代制度，冬春之交，皇帝亲幸近郊，纵鹰隼搏击以为游豫之度，谓之飞放。因其离大都甚近，故称下马飞放泊。

元代晾鹰台遗址

明北京的宫苑

明代，永乐十九年（1421年），迁都北京。在宫城内外，先后营造宫苑，其中最主要的是御花园。

御花园，又名后苑，位于紫禁城内南北中轴线的北端，始建于永乐十五年（1417年），占地1.17公顷，平面呈扁方形，南北长90米，东西宽130余米。南面正中设坤宁门，通后三宫；东南设琼苑东门，通东六宫；西南设琼苑西门，通西六宫；北面有顺贞门，是北宫墙并列的三座琉璃门。园内按左右对称的格局安排建筑，点缀以山池花木。院中珍石罗布，嘉木郁葱，又有古柏藤萝。园中景物分为中、东、西三路。

中路：花园正中为天一门，门前列金麒麟一对，近旁古竹参天。天一门内建钦安殿，坐北朝南，殿东、西、南三面有低矮垣墙，形成园中央的一座独立院落。

东路：北端偏西原为明初所建的观花殿，万历十一年（1583年），废殿改筑太湖石假山。山上奇石嶙峋，藤蔓低垂。山南有石洞，山巅立一方亭，名御景亭。御景亭高逾宫墙，登亭可眺望紫禁城、万岁山和西苑。每逢"九九"重阳，皇帝登高于此。假山上置"水法"，用铜缸贮水，高引而下，从山前石蟠龙口中喷出。假山之东为摛藻堂。堂的东南、园之东北角有金香亭。堂前有方形水池，池上跨桥为亭曰浮碧亭，亭前接敞轩。池之南有万春亭，亭前为方形小井亭，靠东墙为绛雪轩。万春亭北有一株古柏，藤萝缠绕，蔚为壮观。绛雪轩前植海棠数十本，海棠初绽颜色殷红，落花时色白如雪，绛雪轩由此得名。

西路：北端与东路假山相对应为延晖阁，坐北朝南，依宫墙而筑，外观为上下二层，内部于二层之间有一暗层，上层周绕回廊，高踞宫墙之上。登阁可俯视园中景物，冬日天晴时还可远眺西山的积雪。延晖阁西面，隔花坛为对育轩，其形式与位置约与东路的摛藻堂相同。园之西北角有玉翠亭，与园东北角的金香亭相同。对育轩前有一鱼池，中跨拱桥，桥上建澄瑞亭。桥南有千秋亭。千秋亭迤南靠西宫墙有养性斋，上下两层，上层回廊四出，下层湖石环抱。

万岁山位于紫禁城的北面，是明初扩建北京时用渣土堆成的一座假山，命名为万岁山，因这里为元代延春阁旧址，故又称作"镇山"。山上堆成5座山峰，中峰最为高大，其余4峰分别对称排列于中峰的东西两侧。

西苑是在元代万岁山、太液池的基础上扩建而成的，元隆福宫、兴圣宫的一部分亦纳入了西苑的范围。明代又向南开拓水面，形成"三海"的布局。

明代对西苑的经营，始于永乐年间，是与营建北京宫阙同时进行的。宣德年间，新作犀山台圆殿，改作仪天殿为清暑殿，以为皇太后宴游之所。天顺年间，先后在太液池东岸建凝和殿、拥翠亭、飞香亭及船屋；在北岸建太素殿、远趣轩、保和馆和岁寒、会景等亭；在西岸建迎翠殿、澄波亭、映辉亭及天鹅房。正德十年（1515年），重修太素殿，穷极华侈，一改原来朴素的旧观。弘治二年（1489年），命修承光殿（原清暑殿）及西海子石桥。

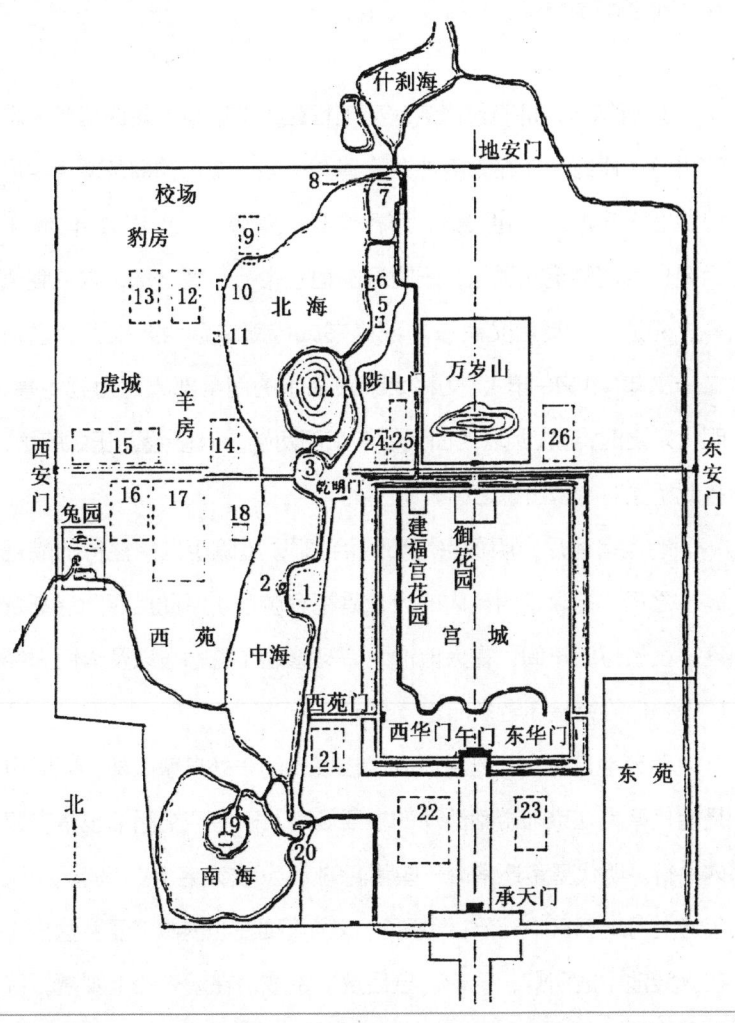

1.蕉园 2.水云榭 3.团城 4.万岁山 5.凝和殿 6.藏舟浦 7.西海神祠、涌玉阁 8.北台 9.太素殿 10.天鹅房 11.凝翠殿 12.清馥殿 13.腾禧殿 14.玉熙官 15.西十库、西酒房、西花房、果园厂 16.光明殿 17.万寿宫 18.平台(紫光阁) 19.南台 20.乐成殿 21.灰池 22.社稷坛 23.太庙 24.元明阁 25.大高玄殿 26.御马苑

明北京皇城的西苑及其他大内御苑分布图

嘉靖年间，是明代修缮宫苑工程最大的时期，对西苑各处殿宇进行了修缮。还在太液池东岸建涌玉亭、金海神祠及雷霆洪应殿，在太液池西岸建飞霭、浮香等亭。嘉靖十年（1531年），于西苑仁寿宫侧筑先蚕坛，于附近隙地立帝社帝稷之坛，内设豳风亭、无逸殿，其后又添设户部尚书或侍郎专督西苑农务。嘉靖二十二年（1543年），又将太素殿临水的南半部改建为五龙亭。明世宗之时，还在圆坻西面大桥的东西两端，分建金鳌、玉蛛牌坊，故此桥又有金鳌玉蛛之称。

明世宗死后，明穆宗"节约治国"，废除明世宗盛行的醮祀宴游之风，拆除了西苑内的大量醮祀宴游之所，此后西苑逐渐衰落。虽然万历年间，在太液池北岸又修建了乾德殿以及大西天经厂等，但终究是坏者多而建者少。

西苑地近皇宫，是京城内规模最大的一处皇家园林，因而也是明代皇室在京师游幸活动的主要场所，一些祭祀活动也常在苑内举行。明代皇帝还常命一些著名的大臣、文人名士"赐游西苑"。每逢七月十五日中元节，道经厂、汉经厂要在苑内做"盂兰盆会"，在太液池中放河灯，皇帝、皇后及皇室成员在承光殿上观赏。每岁冬季太液池封冰，皇帝还要乘冰床做冰上游戏。

明代末年，皇室游幸日渐稀少，西苑也随之荒废。

东苑位于东华门外东南，亦称南内。明初永乐、宣德年间，东苑是一处富有草舍田园风光的园林。园内建筑物不多，且很简素。殿宇的梁栋椽桷皆以山木为之，不加刨削，殿顶覆之以草。亭亦为草亭。斋轩弹琴读书之所，悉以草履之。四围编竹为篱，篱下皆蔬茹匏瓜之类。天顺元年（1457年），明英宗复辟后，曾数幸东苑，并增置殿宇。其正殿名龙德殿，左右有崇仁殿和广智殿。正殿之后，凿石为桥，桥南北置飞虹、戴鳌牌楼。左右有天光和云影二亭。其后叠石为山，名曰秀岩，山上建圆殿，名乾运殿。殿东西又有凌云、御风二亭。其后殿名曰永明，又其后为一圆殿，环之以水，名曰环碧殿。之外，还有嘉乐馆、昭融馆以及跨河而建的澄辉阁等。所有建筑，皆极华丽。苑中杂植四方所贡的奇花异木。每当春暖花开，英宗命中贵陪内阁儒臣赏宴其中。增建后的东苑已不再是原来的幽静田园，而是呈前宫后苑模式的苑园。

兔园在西苑之西，是在元代隆福宫西御苑的基础上改建而成的。园中的叠石假山"兔儿山"，即元代的旧物。《西元集》记载，"从南台绕西堤，过射苑，有兔园，其中叠石为山，穴山为洞"，峰峦森耸，通体呈云龙之象。山腰有平台，名旋磨台，又名仙台。山顶建清虚殿，为皇城内的一处制高点，俯瞰都城历历在目。嘉靖十三年（1534年），于山之北麓建鉴戒亭，山之南麓为正殿大明殿。山上埋大铜瓮，注水其中使水下流，水自龙口而出，经大明殿侧的流环渠注入方池。溪侧建曲水观，方池之上架石梁。万历年间，又于苑中建迎仁亭和福峦、禄渚二坊。每逢九月重阳佳节，皇帝驾幸兔儿山、旋磨台登高，吃迎霜麻辣兔，饮菊花酒。

沙河行宫位于昌平县沙河镇巩华城内正中偏南，始建于永乐年间，是为巡视建陵工程和北征之便而建的。正统十三年（1448年），温榆河泛滥，沙河行宫被洪水冲毁，嘉靖十五年（1536年）重建。沙河行宫周环城池中建帝、后停灵的大殿，制如明代帝陵中的祾恩殿。左右为皇帝、皇后的寝宫。周围群房为文武、太监歇宿之所。行宫东、西、北三面各开一门，门前各筑石桥一座。正门南向，门前御路直达巩华城南门，即扶京门。每当皇帝、皇后崩逝移灵安寝，都要在巩华城内行宫暂停一时，再护送至天寿山安葬。每年春秋两次祭祀，帝、后及宗室众臣皆在沙河行宫停留，再往陵园祭谒。

九龙池行宫位于昭陵西南，为皇帝谒陵事毕临幸之所。行宫的九龙池，系引山泉潴而为池，有石琢九龙张口吐水入池。夹池植桃柳，池上筑粹泽亭。

南海子原为元代下马飞放泊，永乐十二年（1414年），复增广其地，周垣60公里。明宣德、正统、天顺、嘉靖等朝，对南海子行宫，仍多有修缮和增建，还修建了庑殿行宫及旧衙门、新衙门两座提督官署，在海子南部修建晾鹰台，设"海户屯"把守。南海子内广植桑枣，獐鹿雉兔不计其数。每年春、秋两季，皇帝必到南海子游幸射猎，令海户合围，纵骑士驰射，以承尚武之训。

清北京的宫苑

清代定鼎北京，继续沿用明代的宫殿、坛庙和苑园，仅有少量的改建、增损和易名。宫城和坛庙的建筑及规划格局，基本上保持着明代的原貌。大内御苑、兔园、万岁山（景山）、御花园，尚保持明代的旧观；东苑小南城的一部分，顺治年间赐与睿亲王为府第，康熙年间又改建为玛哈噶喇庙，其余则析为佛寺、厂库或民居，仅皇史宬和苑林区的飞虹桥、秀岩山以及少数殿宇得以保存。

慈宁宫花园位于慈宁宫揽胜门内，于顺治十年（1653年）在明代建筑的基础上增建而成。花园北部的咸若馆，建于明代，是全园的主体建筑。其东有宝相楼，西有吉云楼，两楼之前又各有含清斋和延寿堂，围成一个半封闭的三合院。咸若馆后是慈荫楼。宝相楼和吉云楼，都是藏经和供佛像的地方。在咸若馆前后，整齐地列植着松柏，间植几棵老槐、楸树、海棠和玉兰。花园的南半部，叠山垒池，建有亭台，有浓厚的山林之趣。万历六年（1578年）所建临溪亭建于桥上，其下为长方形水池。临溪亭南有翠芳、绿云二亭，翠芳亭居东，亭内为流杯渠。二亭之南各有一座井亭，翠芳亭内流杯渠之水，即来自东边的水井。花园最南部正对临溪亭，为一座湖石假山。园中南部遍植树木花卉。园内古木参天，荫翳蔽日，四时景色皆宜。

康熙二十三年（1684年），圣祖首次南巡，对江南的灵秀山水、风光园林十分爱慕，回京后在海淀丹棱沜明代清华园旧址上修建畅春园，由供奉内廷的江南籍山水画家叶洮参与规划，延聘江南叠山名家张然主持工程，建成清代以来第一座"避喧听政"的离宫御苑，也是首次全面引进江南造园艺术的皇家园林。

畅春园"缭垣一千六十丈有奇"，占地面积约60公顷。园中分为三路：中路从大宫门始，进宫门为九经三事殿，至琦榭共有19处建筑；东路从云涯馆至竹轩共有43处建筑；西路从玩芳斋至紫云堂共有43处建筑；西花园有讨源书屋等11处建筑。园中山水布局具有特色，人工挖湖堆山30余座，较大水面10余处，水源从万泉河注入南淀，汇流至丹棱沜，然后自红桥闸口流入园中。园内泉水丰富，有曙光楼前的水壶泉、锦澜泉，观澜亭的藕泉、跃鱼泉、松泉等。园中山石皆出自张然之手，从此张家后代被征为清代造园服役，成为北京摆山叠石的世家。云涯馆南门外的剑山，山态叠置峻峭，峰顶建六角单檐小亭名苍然亭；九经三事殿后宫东侧的莲花岩，峰峰争奇，万石苍翠。

畅春园建筑疏朗，园林景观以植物造景为主，有绛桃堤、丁香堤。明代遗留古树参天，新植桃花成林，牡丹益佳，玉兰高茂，还有葡萄架连数亩，有黑、白、紫、绿诸种，皆来自哈密。清圣祖在《御制畅春园记》中云："秦有阿房，汉有上林，唐有绣岭，宋有艮岳，朕匪敢希踪古人比美。"园中湖光山色，奇花异草，亭台楼阁，建筑豪华，不逊于历代名园。

康熙二十六年（1687年）二月廿二日，清圣祖自玉泉山移居畅春园。自康熙三十年（1691年）起，每年正月十四、十五两日，清圣祖在畅春园（万树红霞）赐朝正外藩、王公、贝子、台吉及内大臣、大学士、尚书、侍卫等宴，岁以为例。康熙五十二年（1713年）三月廿八日，适逢圣祖六十大寿，帝命于是月下旬在畅春园正门前，宴赏六十五岁以上长寿老人。廿五日与宴者为直隶各省现任、休致汉大臣官员、士庶等4240人，其中年逾九十者33人，八十者538人。廿七日与宴者为八旗大臣、护军兵丁、闲散人等2605人，其中年逾九十者7人，八十者192人。由皇子、皇孙及宗室执爵授饮、分颁食品。皇帝令扶八十岁以上者至御前亲视

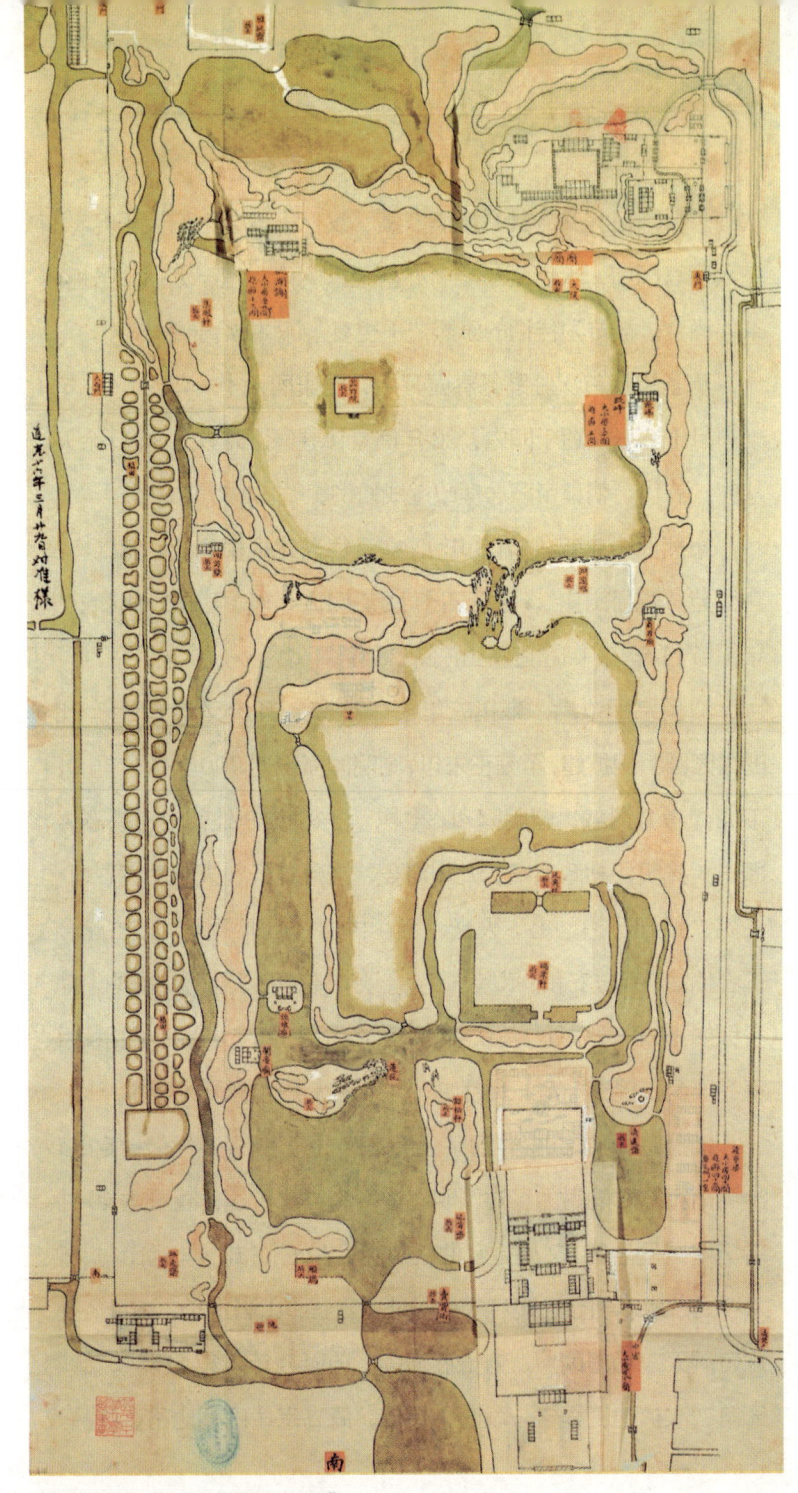

清道光《畅春园地盘形势全图》

饮酒。廿八日，又齐集八旗满、蒙、汉七十岁以上妇人于畅春园皇太后宫门前，大臣妻年老者亦召至宫门内赐座，太后、圣祖赐茶果酒食。被传为佳话的康熙"千叟宴"，即肇始于此。

清圣祖从首次驻跸畅春园开始，至康熙六十一年（1722年）十一月十三日病逝于园内，36年间累计驻园257次，3860余天。从此，清代历朝皇帝园居理政遂成惯例。

康熙四十二年（1703年），在承德兴建规模更大的第二座离宫御苑"避暑山庄"，康熙四十七年（1708年）建成。康熙五十年（1711年），御题避暑山庄诗36首。

清世宗即位后，雍正三年（1725年）开始又将其做皇子时的赐园圆明园扩建，至雍正末年，圆明园面积达200公顷。据《日下旧闻考》记载，圆明园40景中，至少有28处曾经世宗题署，即正大光明、勤政亲贤、九州清晏、镂月开云、天然图画、碧桐书院、慈云普护、上下天光、杏花村馆、坦坦荡荡、茹古涵今、长春仙馆、万方安和、武陵春色、汇芳书院、日天琳宇、澹泊宁静、多稼如云、濂溪乐处、鱼跃鸢飞、西峰秀色、四宜书屋、平湖秋月、蓬岛瑶台、接秀山房、夹镜鸣琴、廓然大公、洞天深处等。

清高宗即位之时，"海宇殷阗，八方无事"，遂凭借稳定的政治局面和富厚的财力，对圆明园进行第二次扩建，园景达40处。新增建或题署的12处是：曲院风荷、坐石临流、北远山村、映水兰秀、水木明瑟、鸿慈永祜、月地云居、山高水长、澡身浴德、别有洞天、涵虚朗鉴、方壶胜境等。乾隆九年（1744年），圆明园第二次扩建工程告一段落。是年，清高宗命画师唐岱、沈源等绘成绢本设色的《圆明园全图》，合题跋共八十幅，汪由敦奉敕书。每幅绢心长二尺，阔二尺四分，檀木夹板装为上下两册（此图现藏法国巴黎国家图书馆）。乾隆九年（1744年）之后，清高宗除对圆明园仍屡有增修外，又在圆明园的左近先后增建长春园、熙春园、绮春园和春熙院，统由管理圆明园事务的内务府大臣管辖。至乾隆后期，圆明园已成为五园贯联一体的宏大宫苑。嘉庆七年（1802年），将春熙院赐予庄静固伦公主，道光二年（1822年），又将熙春园赐予淳亲王绵恺。至此圆明五园变成圆明三园。

静明园位于北京西郊玉泉山之阳，玉泉山以泉著名。玉泉山呈西北走向，纵深1300米，东西最宽处约450米，山的主峰海拔100米。山中洞壑迂回，流泉密布，泉水清澈，晶莹如玉，故称玉泉山。山中泉水充沛，山的西南麓一组最大泉眼，称玉泉池。玉泉山顶，原有金代行宫芙蓉殿故址。元世祖在玉泉山建昭化寺；明代正统年间又添建上下华严寺，后毁于火。清康熙十九年（1680年），就玉泉山改建为行宫，名澄心园。康熙三十一年（1692年），改称静明园。康熙、雍正时期的静明园，其范围大致在玉泉山的南坡和玉泉湖、裂帛湖一带。

乾隆十五年（1750年），对静明园进行扩建，玉泉山及山麓的河湖地段全部圈入宫墙之内。南北长1350米，东西宽590米，面积约65公顷。乾隆十八年（1753年）基本建成，清高宗亲定园中16景，以四字命名。

廓然大公位于南宫门内，是静明园的宫廷区，布局对称，与北面湖中的乐景阁和南面的南宫门形成一条南北轴线。正殿七楹，

22 / 北京的古典园林

西山

殿额曰廓然大公，后宇匾书涵万象，是皇帝听政的地方。正殿左右各有配殿五楹，正殿之北为后湖。

芙蓉晴照位于廓然大公北面湖中，是湖心的一处建筑。后湖中，根据"海上三山"的神话故事堆筑三个小岛，东西横列，中间岛上的正厅称乐景阁，其内匾书芙蓉晴照。

玉泉趵突指的是芙蓉晴照之西山畔的泉水。静明园玉泉山以泉水最负盛名。金章宗把玉泉纳入"燕京八景"，定名"玉泉垂虹"。因玉泉之水乃是从山根涌出，"喷薄如珠"，故而在乾隆时又把"玉泉垂虹"改称"玉泉趵突"。

竹垆山房位于玉泉趵突之上，龙神祠以南，为两间铺棕毛的房子，是仿无锡惠山听松庵的山房和竹垆而建的。既不油饰彩画，也无华丽的雕装，简易朴素。

圣因综绘是集中杭州圣因寺行宫的八景而建的一个小区。

绣壁诗态位于圣因综绘之西，是一座三楹轩宇建筑，内檐匾书淡佳斋。斋外崖石丛立，时幻烟云。取杜甫"绝壁过云开锦绣"的诗意，名绣壁诗态。在石崖上，分别刻有霞秀、岚漪、云扉、漱青、玉峡等字。其西面有华藏塔。

溪田课耕位于绣壁诗态西边下面，为一座三楹的轩室，额书课耕轩。课耕轩北依山岚，面向湖田，农家景色历历在目。

清凉禅窟位于溪田课耕西北。禅窟后有嘉荫堂，堂的东西两面，分别建有霞起楼、犁云亭等建筑。窟内供文殊师利菩萨像。清凉禅窟的布局，是仿五台山文殊寺的规制建造的。

采香云径位于清凉禅窟的北面，山麓磴道，婉转曲折，夹道

玉泉山

山花野草，清香扑鼻。由此往南有静宜书屋等，东北面有招鹤庭。

峡雪琴音位于采香云径的南面，为一座轩室，室内悬有匾额，题为丽瞩轩，其东面有俯青室，北面为罨画窗，山上有涌泉，从石峡中溅起，宛如雪花飞洒，所发出的声音"琅然清圆"。

玉峰塔影位于峡雪琴音以南，玉泉山第三峰的山顶上，为一座七层八面塔，是仿照镇江金山妙高峰江天寺慈寿塔所建的。每一层的洞龛内，均放有一尊密宗铜制佛像。塔的前方有香严寺，塔后有妙高台，最北端的第一峰上还有妙高寺，寺后建有妙高塔。妙高塔中空，有梯磴可以盘旋而上，可远眺四面景色。

风篁清听位于静明园的东北角，是一座楼阁建筑，额曰风篁清听。其东、西、东南三面，分别有如如室、近青阁、飞云巘等。楼前有个大水池，由北来的涌玉、宝珠诸泉水汇集于此，再流向东南，出静明园东墙进入长河。近水处有竹林，凉风吹过，飒飒作响。

镜影涵虚位于风篁清听西面，中间一水相隔，也是一座堂宇的匾额。堂宇前临泉池，池中水清如镜。

裂帛湖光位于小东门以南的玉泉山东麓，有泉水从石罅中流出，汇聚在一个水池之中。附近山崖上刻有高宗御题裂帛湖三字，不远处有望湖亭。有人认为，此地"石壁甚巉亦有泉喷出，作裂帛声，欲称裂帛泉"。高宗以为，这里流泉入池，风吹水动，使泉水出现裂纹，好似薄薄的轻纱被撕破，因而定名为裂帛湖。

云外钟声位于玉峰塔影的南面、玉泉山第四峰的阳坡，明英宗敕建的上华严寺一带。有屋宇一处，称妙香室，其外檐额曰云外钟声。清高宗称这里是："西望西山梵刹，钟声远近相应，寒山夜半，殆不足云。"

翠云嘉阴位于裂帛湖光西南，为一组庭院。这里竹篁丛生，并有两株老桧树，枝繁叶茂，犹如绿色云彩，蔚然郁闭。"因树为屋"，取名翠云嘉阴。院门五楹，额曰翠云嘉阴。庭院前方有水，背后是山。院内是两重殿宇，前面的正房名华滋馆，后面的叫翠云堂，四面有曲廊围绕。

后又增16景，以三字标题，即：清音斋、华滋馆、冠峰亭、观音洞、赏遇楼、飞云巘、试墨泉、分鉴曲、写琴廊、延绿厅、梨云亭、罗浮洞、如如室、层明宇、进珠泉、心远阁。

静宜园位于北京西郊香山。金大定二十六年（1186年），曾在此建大永安寺及行宫。元、明时期也续有营建。康熙时期开始修缮香山佛殿，并建立香山行宫。乾隆十年（1745年），在林隙

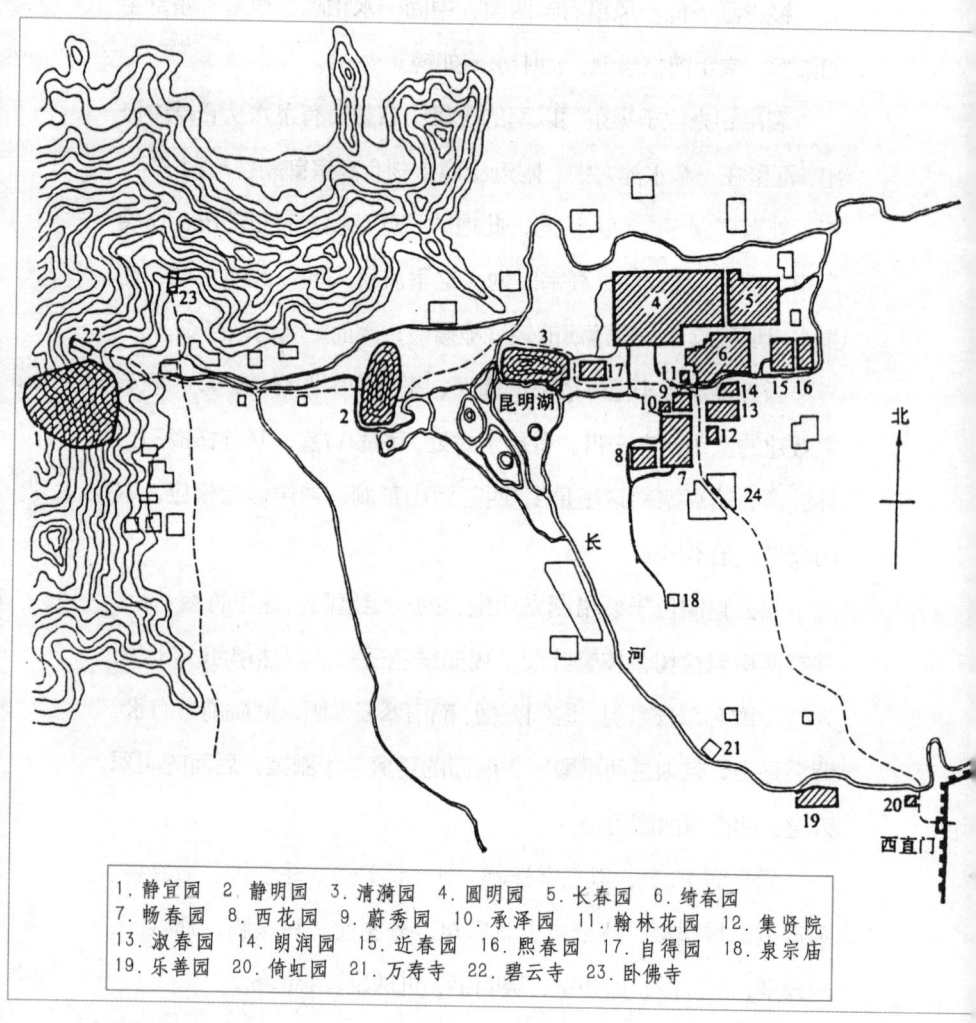

1. 静宜园　2. 静明园　3. 清漪园　4. 圆明园　5. 长春园　6. 绮春园
7. 畅春园　8. 西花园　9. 蔚秀园　10. 承泽园　11. 翰林花园　12. 集贤院
13. 淑春园　14. 朗润园　15. 近春园　16. 熙春园　17. 自得园　18. 泉宗庙
19. 乐善园　20. 倚虹园　21. 万寿寺　22. 碧云寺　23. 卧佛寺

乾隆时期北京西北郊主要园林分布图

崖间增建殿台亭阁，修建宫门、朝房，还加修了一道周长十余里的外垣，形成一处规模宏丽的皇家苑囿，并赐名静宜园。

静宜园园墙分内垣、外垣和别垣，园内建筑繁多，著名的有28景。自勤政殿至雨香馆属内垣，共20景，有勤政殿、丽瞩楼、绿云舫、虚廊斋、璎珞岩、翠微亭、青未了、驯鹿坡、蟾蜍峰、栖云楼、知乐濠、香山寺、听法松、来青轩、唳霜皋、香嵓室、霞标蹬、玉乳泉、绚秋林、雨香馆。自晞阳阿至隔云钟为外垣，凡8景，有晞阳阿、芙蓉坪、香雾窟、栖月崖、重翠崦、玉华岫、森玉笏、隔云钟。别垣在外垣之外，有昭庙、正凝堂、畅风楼。高宗十分喜爱香山静宜园，乾隆二十六年（1761年）和乾隆三十六年（1771年），先后两次在此为其母皇太后祝七旬和八旬大寿。乾隆年间是香山静宜园极盛时期。

清漪园是清高宗结合兴修西湖蓄水工程而兴建的又一座大型皇家园林。乾隆十四年（1749年）冬季，对西郊的河湖水系进行了大规模的整治。将西湖湖面向东扩展至瓮山东面的一条南北走向的旧堤，并利用浚湖土方，堆叠、改造瓮山东南面的山形；保留了原东岸上的龙王庙，成为湖中的一个岛屿——南湖岛；另在其南面堆筑一座小岛，即凤凰墩。在西湖以西、玉河以南，利用原来零星小河泡，开凿成一个浅水湖，名养水湖。同时在玉河西端开凿一条短渠，使养水湖与西湖相连。乾隆二十四年（1759年），又在玉泉山静明园接拓一湖，名为高水湖，"俾蓄水上游，以资灌注"。在西湖的西北隅，则别开有河道，向北经瓮山西麓，北接于清河，作为西湖的溢洪干渠。干渠绕过瓮山西麓分出一条

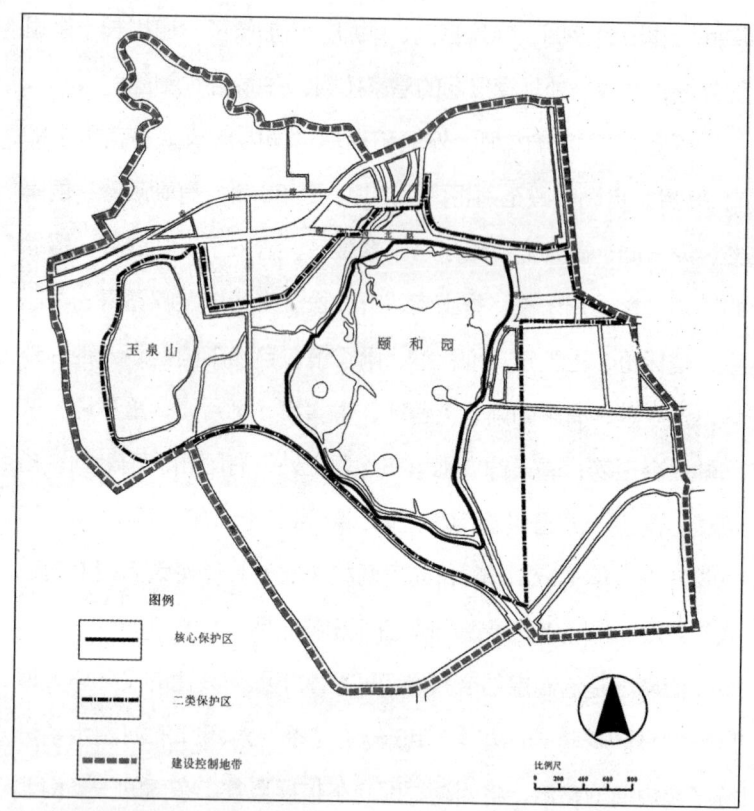

颐和园玉泉山保护范围示意图

支渠，转出东，沿山之北麓将一些零星的小溪泡连缀成一条河道，即后溪河，亦称后湖。后溪河于瓮山的东麓又分为三支，东流汇马厂诸水而入圆明园。经过前后历时15年的治理，使西湖成为一座兼具灌溉、蓄水、排洪多种功能的大型水利枢纽，同时也使瓮山、西湖形成山嵌水抱的形势，瓮山有如托出水面的岛山，为造园提供了良好的地貌基础。

乾隆十六年（1751年），适逢皇太后钮祜禄氏60整寿，清高宗为庆祝母后寿辰，于乾隆十五年（1750年），选择明代圆静寺旧址，兴建大报恩延寿寺。同年三月十三日，清高宗在一份上谕中正式下令："瓮山著称万寿山，金海著称昆明湖。"与此同时，又在万寿山南麓沿湖一带，兴造了厅、堂、亭、榭、廊、桥等一系列建筑。乾隆十六年（1751年），正式将万寿山行宫改名为清漪园。清漪园修建历时15年，内务府共销算工程用银四十八万二千八百五十一两九钱五分三厘①。

南苑，即明代的南海子。顺治十四年（1657年），清世祖于南苑建元灵宫，为游幸驻跸的行宫。顺治十五年（1658年），重修旧衙门行宫。

康熙初年，于南苑建红门行宫。康熙二十三年（1684年）以后，南苑归奉宸苑管理，派海户一千五百余人饲养苑中禽兽和维修垣墙、御路等。据记载，清圣祖自康熙四年（1665年）至康熙四十七年（1708年）的四十余年间，除康熙三十五年（1696年）和康熙四十二年（1703年）外，每年都到南苑行围，并把南苑作为"人君练武之地"。

乾隆年间，对南苑进行增扩。乾隆三年（1738年）于南苑增设9座宫门，新辟黄村门、镇国寺门、小红门、双桥门、回城门等五门，并改北红门为大红门。每门设十甲（士兵），另设正黄、镶黄、正白三旗管事人，以分辖海子地面。乾隆年间，还将南苑

---

① 颐和园管理处：《颐和园志》，北京：北京林业出版社，2006年2月版，139页。

五园图

土垣改砌砖墙,并增开马家堡、栅子口等13座角门。自顺治至乾隆年间,先后在南苑修葺旧衙,重新修葺了旧衙门行宫、新衙门行宫、南红门行宫等;新建团河行宫、衙署以及德寿寺、永慕寺、宁佑庙、真武庙、三关庙、娘娘庙、镇国寺和金鼎寺,使南苑形成四大行宫、八大寺庙的格局,成为具有临憩、行围、阅兵功能的皇家苑囿。

清代在南苑大兴土木,历经数十年的经营,苑中宫殿壮丽,湖光潋滟,草木葱茏,禽兽出没。中国独有的麋鹿,野生者早已绝迹,最后只有在南海子放养成群。

团河行宫位于南苑的西南隅,是南苑四座行宫中规模最大、最为佳丽的一座,自成宫苑分置的格局,为包含在南苑内的一处相对独立的行宫御苑。团河之源旧称团泊,在黄村门内3公里许。团河流出南苑墙入凤河,又东南流与永定河汇合。乾隆三十七年(1772年),对永定河进行大规模治理,包括疏浚凤河及上源团河。与此同时,在团泊之旁兴建行宫,乾隆四十二年(1777年),团河行宫全部建成。

团河行宫宫墙周长约2公里,大宫门设在南宫墙偏东处。宫殿区紧接大宫门之北,包括西所、东所两路。

西所共有三进院落,第一进大宫门面阔三间,两厢有值房、朝房,前为月河、石桥;第二进宫门,迎面有叠石假山,名"云岫";第三进正殿前檐额曰璇源堂,后殿五楹,抱厦额曰涵道斋,是乾隆驻园期间接见臣僚的地方。临湖有别宇八楹,额曰鉴止书屋。

东所为寝宫,宫门三楹,内有清怀堂五楹和东西配殿各三楹,后殿为风月清华。

宫殿区以外为广大的苑林区,利用团河的泉眼开凿为东湖和西湖两个水面。水上遍植荷花,以浚湖的土方堆筑土山,构成岗阜起伏的地貌。

东湖水面较小,湖中央筑岛,岛上绿草翠柏掩映,建有敞厅翠润轩,面阔三间。湖北岸为群玉山房,东岸为露香亭,西岸为漪鉴轩。

西湖水面广阔,北岸和西岸均堆筑土山。北山顶建有珠源寺,北山之东建有六方小亭镜虹亭。湖西岸临水建濯月漪、狎鸥舫,均为水柱殿。狎鸥舫后循爬山廊可达半山处的拂云岫。西北岸建御碑亭,碑文刻乾隆御制《庚子季秋中浣团河行宫作》诗。南岸有云随亭和过河亭以及大小船坞各一，过河亭为建于桥上的一座桥亭，亭下即团河。

万岁山于清顺治十二年（1655年）改称景山。乾隆十四年（1749年），仿太庙格式迁建景山寿皇殿。乾隆十六年（1751年），又在景山五座山峰上各建一亭，即万春亭、观妙亭、辑芳亭、周赏亭和富览亭。各亭内均供铜佛一尊。

西苑，自元、明以来，一直是皇城之内的主要皇家御苑。至清代，西苑仍然是宫城肘腋的禁苑。清初自顺治时起，即开始对西苑进行局部的修葺和改建。顺治八年（1651年），崇尚佛教的世祖听从西藏喇嘛恼木汗的建议，在万岁山顶广寒殿旧址建藏式白塔，于万岁山南坡建白塔寺（后改名永安寺）。顺治、康熙年间，还对南台一带加以修葺，世祖时改称南台为瀛台，圣祖则把此地作为日常处理政务、接见臣僚、御前进讲和耕作御田的地方。

北海白塔

乾隆年间，皇城内的居民逐渐增多，三海以西原属西苑的大片地段，已全部为衙署、府邸和民宅所占用，西苑的范围在三海的西岸仅剩下了沿岸的一条狭长地带，并加筑了宫墙，西苑更加

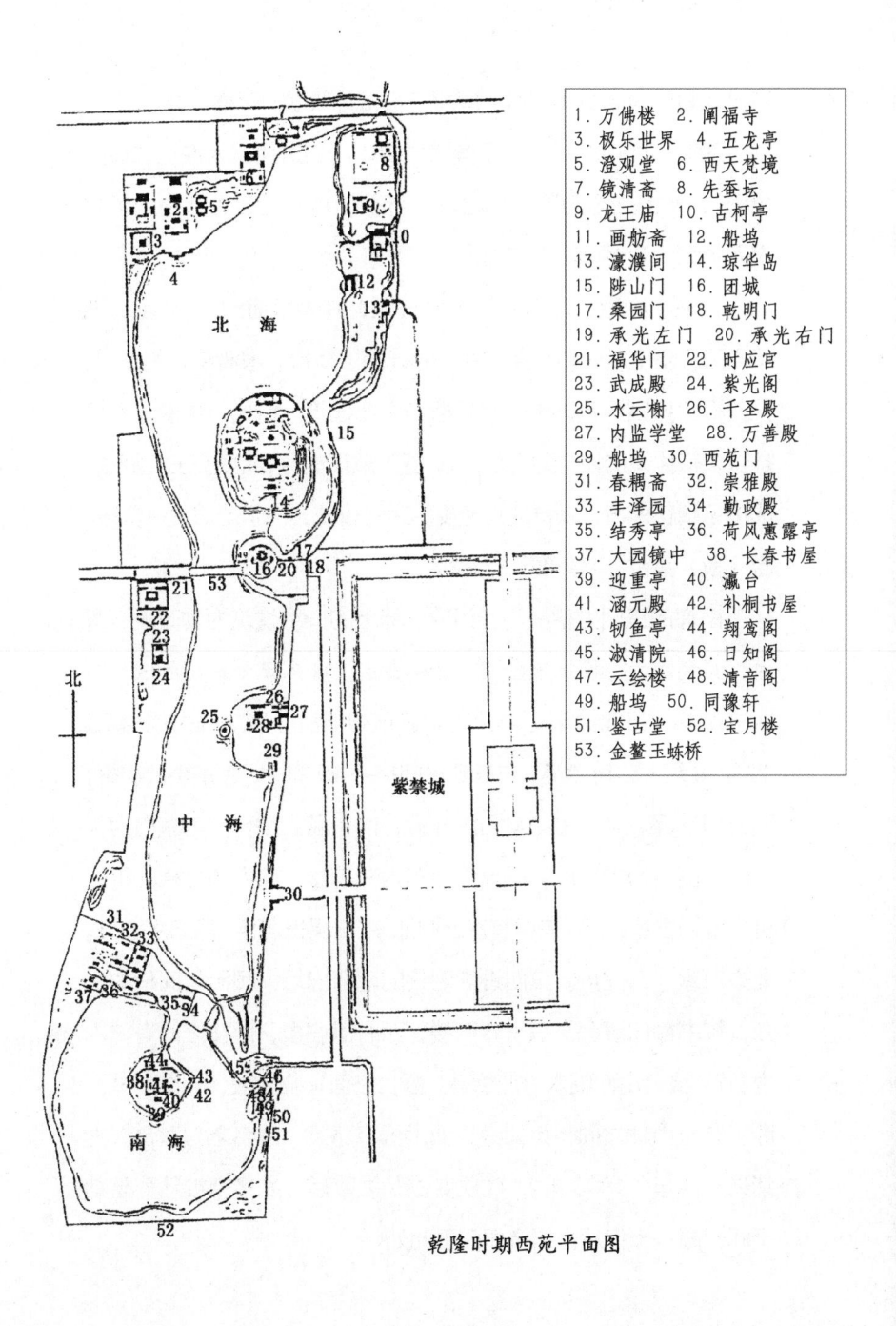

1. 万佛楼 2. 阐福寺
3. 极乐世界 4. 五龙亭
5. 澄观堂 6. 西天梵境
7. 镜清斋 8. 先蚕坛
9. 龙王庙 10. 古柯亭
11. 画舫斋 12. 船坞
13. 濠濮间 14. 琼华岛
15. 陟山门 16. 团城
17. 桑园门 18. 乾明门
19. 承光左门 20. 承光右门
21. 福华门 22. 时应宫
23. 武成殿 24. 紫光阁
25. 水云榭 26. 千圣殿
27. 内监学堂 28. 万善殿
29. 船坞 30. 西苑门
31. 春耦斋 32. 崇雅殿
33. 丰泽园 34. 勤政殿
35. 结秀亭 36. 荷风蕙露亭
37. 大园镜中 38. 长春书屋
39. 迎重亭 40. 瀛台
41. 涵元殿 42. 补桐书屋
43. 牣鱼亭 44. 翔鸾阁
45. 淑清院 46. 日知阁
47. 云绘楼 48. 清音阁
49. 船坞 50. 同豫轩
51. 鉴古堂 52. 宝月楼
53. 金鳌玉蛛桥

北海

紫禁城

中海

南海

乾隆时期西苑平面图

明显地划分为北海、中海、南海三个相对独立的苑林区。

西苑正门西苑门，位于紫禁城西华门的对面。太液池"周广数里"，水面占全苑的三分之二。金鳌玉蝀桥之北为北海，桥之南为中海，瀛台以南为南海。

南海和中海，总面积约 100 公顷，其中水面约 46 公顷。湖面周围和岛上，分布有勤政殿、涵元殿、瀛台、淑清院、紫光阁、仪銮殿、蕉园、万善殿、水云榭等主要建筑。清代，中南海不仅是供皇帝休憩的地方，而且"引对臣工总理机务，或宴赉王公卿士，或接见朝正外蕃，以及征帅劳旋、武科较技，例于苑内之惇叙殿、涵元殿、瀛台、紫光阁亲莅举行"。

南海的正门为德昌门。门内北堤上的一组建筑为勤政殿。瀛台，又名南台，也称趯台陂，清初顺治、康熙年间扩建而成，有四进院落，自北而南呈中轴线对称布列。第一进前殿为翔鸾阁，北临 16 级石台阶磴道，左右延楼回抱各 19 间，阁后东楼曰祥辉，西楼曰瑞曜。第二进正殿为涵元殿，前有涵元门，门内东向为庆云殿，西向为景星殿。涵元殿之东为藻韵楼，西为绮思楼。第三进后殿为香扆殿，殿东西有室，北向，东曰溪光树色，西曰水一方。北亦有室，曰虚舟。第四进即明代的南台旧址，顺治年间稍加修葺，御书额曰瀛台。东有春明楼，西有湛虚楼，两楼之间有"木变石"。瀛台南面临水有迎薰亭。瀛台三面皆临太液，唯北通一堤，殿宇杂于山林之间，宛如海上仙山玉宇蓬莱，故名之为瀛台。光绪二十四年（1898 年）"戊戌变法"失败后，光绪帝被慈禧幽禁于涵元殿，十年后光绪帝即死于此处。

宝月楼，又称明楼，位于瀛台之南，建于乾隆年间。宝月楼七楹，临西长安街，极其华丽。相传是乾隆帝为香妃所建。

丰泽园位于勤政殿之西，建于康熙年间，有惇叙殿[原名崇雅殿，乾隆二十一年（1756年）改名为惇叙殿]、澄怀堂、遐瞩楼等殿堂，其东有菊香书屋，其西为静谷。静谷是一座精致的"园中之园"，内有纯一斋、春耦斋、爱翠楼、植秀轩，并有连理柏一株。静谷的叠石假山均出自张然之手。园内屏山镜水，云岩奇秀，华林芳径，竹柏葱茏，十分幽雅。春耦斋前有戏台，常演出宫戏，供帝后观赏。

淑清院位于南海的东北隅，是在明代无逸殿旧址上改建的一座小园林。园内东、西各有一小水池，二池之间叠石为假山，利用水位落差发出宛如音乐的声音，故名其旁的小亭为流水音。西面小池边建有正厅蓬瀛在望及葆光室、流杯亭等，在南海近岸水中还建有俯清泚亭。东面的小池边有尚素斋、千尺雪、鱼乐亭等小建筑及响雪廊，水闸石梁之上有日知阁。淑清院西临南海，可隔水观赏瀛台景物，故正厅名蓬瀛在望，园内部则自成一局，极其幽静，康熙每到南海都要来此园小憩。

仪銮殿位于中海中段，丰泽园与紫光阁之间，此地原为阅射场。仪銮殿建成于光绪十四年（1888年），是专供慈禧日常起居的寝宫，是一组以仪銮两卷殿为中心，前后三进的宫殿建筑群。仪銮两卷殿为正殿，五楹，面阔六丈九尺，进深六丈余，比紫禁城保和殿的面积还要大。仪銮两卷殿的前后各有东西配殿。其后为福昌殿，规模略小于仪銮两卷殿。六座殿宇之间，前后均有游廊相通。福昌殿后又有一座后罩楼，共19间。光绪二十六年（1900年），八国联军入侵北京，仪銮殿成了联军的司令部，侵略军统帅瓦德西在此居住数月之久。光绪二十七年（1901年）二月廿九日深夜，仪銮殿突然起火，瓦德西狼狈逃脱。后来，慈禧又在仪銮殿旧址建起一组西式建筑，取名海晏堂，费时三年，于光绪三十年（1904年）十月竣工。海晏堂不仅其建筑为西式，其中的陈设也均模仿法国路易十五所用的家具样式，由法国巴黎生产。海晏堂是慈禧专作接见、宴请外国女宾的地方。

紫光阁位于中海西北岸，海晏堂之北，原名平台，是明武宗阅射之地，其后改为紫光阁。乾隆二十五年（1760年）修葺后，效法汉代绘功臣像于凌烟阁的故事，将平定回部和大小金川叛乱的二百名功臣的画像置于阁内。每年正月十九日，清帝在此设功臣宴，款待群臣。紫光阁后为武成殿。

蕉园位于中海东北岸，园中的万善殿为明代遗物，乾隆时重修。殿内奉三大士及十八罗汉像，后殿奉南海观音像。千圣殿在其后，内有八面七级檀香塔名千佛塔。殿西有悦性楼、集瑞馆，殿东有朗心楼、迎祥馆。迎祥馆东又有大悲坛。

水云榭位于万善殿西门外水中，为一座凉亭。亭内立有一座大石碣，上刻乾隆御笔"太液秋风"四字。

水云榭之北为横跨于太液池上的金鳌玉蝀石桥。此桥历代均有修葺，但其中间部分一直为可移动的浮桥。乾隆晚年重修时，才将其改建成一座完整的九孔石桥，据现存于桥上的题刻，此次修建工程完成于乾隆五十七年（1792年）。桥西红墙夹道有门相对，南为福华门，通中海西岸；北为阳泽门，通北海西岸。桥东端北侧为团城。

北海总面积约 68 公顷，其中水面 39 公顷。北海是清代西苑主要苑林区，乾隆七年至乾隆三十九年（1742—1774 年），在琼华岛顶建成善因殿，岛南坡建悦心殿、庆霄楼、静憩轩、蓬壶挹胜、撷秀亭，并扩建白塔寺易名永安寺；西坡建一山房、蟠青室、琳光殿、甘露殿、水精域、阅古楼、亩鉴室、烟云尽态、挹山罍云峰、邀山亭；北坡建漪澜堂、道宁斋、碧照楼、远帆阁、晴栏花韵、紫翠房、莲花室、写妙石室、环碧楼、嵌岩室、盘岚精舍、真如洞、交翠庭、一壶天地、小昆邱亭、倚晴楼、分凉阁及长廊，还有仙人承露盘；东坡建智珠殿及牌坊、古遗堂、慧日亭、振芳亭、峦影亭、见春亭。北海东岸也进行了大规模的改建、扩建；北岸、西岸营建了新的亭、台、楼、阁、馆、坞等建筑。

建福宫花园始建于乾隆五年（1740 年），位于紫禁城的北部，重华宫之西，北界宫墙，南为建福宫。建福宫花园占地不足 0.4 公顷。延春阁是园中的主要建筑，其西有凝晖堂，北有敬胜斋、吉云楼，东有静怡轩等建筑，堂楼斋轩之间有游廊联结。延春阁之南为用湖石叠成的假山，山峦起伏，山上建积翠亭。1923 年，末代皇帝溥仪决定清点一下建福宫中所藏的珍玩。在 6 月 26 日夜，突发火灾，将存放在这里的大量古玩、字画等全部毁掉，建福宫花园也被烧成一片焦土。

宁寿宫花园位于紫禁城内东北隅，宁寿宫的西路，俗称乾隆花园。南北长 160 米，东西宽 37 米，狭长如带。园内纵深有四进院落。第一进院落以古华轩为主体，轩西南山石前有禊赏亭，亭西北山上有旭辉亭，二亭之间有斜廊相连。古华轩东南有小的别园。花园的东南角假山上有撷秀亭。第二进院落为一座三合院，正北有遂初堂。院内有花坛、树木。第三进院落正北为萃赏楼，楼南山石上建耸秀亭，西南有延趣楼，东南有三友轩。院中的养和精舍是藏书处。院内满布假山，石洞穹曲，亭台相望。山石顶上的碧螺亭，平面呈梅花状，甚为精致。第四进院落以符望阁为中心，阁北有倦勤斋。院内回廊四出，与斋阁相通。

咸丰十年八月初七（1860年9月21日），英法联军入侵北京。八月初八（9月22日），清文宗携后妃宫眷及部分王公大臣，自圆明园逃奔承德避暑山庄。八月廿二日（10月6日）晚，英法联军至圆明园。当夜大宫门外朝房、海淀军机处及民房多处被焚烧。翌日，英法侵略军官兵开始在园内大肆抢掠，物品携不走者击而毁之。是日，园中九州清晏各殿、长春仙馆、上下天光、山高水长、同乐园、大东门皆被焚烧。英法联军洗劫圆明园后，又集结二百余人，自海淀镇一路烧、杀、抢、掠，洗劫了畅春园和清漪园，清漪园员外郎泰清全家自焚殉难。八月廿四日（10月8日），英法联军五百余人，又洗劫了玉泉山静明园。八月廿六日（10月10日），英法联军结队以"郊游"为名，洗劫了香山静宜园。

咸丰十年九月初五（1860年10月18日），英军中将米启尔下令火烧圆明园，在园内各处纵火，第二天格兰特又派马队焚烧畅春园、清漪园、静明园、静宜园。大火连成一片，浓烟蔽日，延续了3天3夜，5座皇家园林无一幸免。

英法联军在北京城郊抢劫、焚烧、骚扰近五十天,"三山五园"惨遭劫难,仅有据可查的损失陈设之物就有 124 568 件。咸丰十年九月十九日和九月廿七日（1860 年 11 月 1 日和 11 月 9 日），法国和英国侵略军先后撤出北京。撤退时,勒迫北京地方政府备办大批车辆,装载抢掠的珍宝。仅法军所劫就装满了 300 多辆。此次英法侵略军对北京园林、文物的破坏极为惨重,其残暴程度为近代历史上所罕见。

同治、光绪时期,清王朝更加内外交困,清帝无暇围猎、巡幸,京郊和畿辅之地的行宫随之而荒废。慈禧当政后,虽力图对圆明园进行修复,但由于国库空虚,只能局部地进行。同治四年（1865 年）,修了圆明园内的春雨轩和紫碧山房。同治五年（1866 年），修葺圆明园围墙及绮春园值房。同治六年（1867 年），修理了圆明园闸口、围墙、值房。

同治十二年（1873 年），时值慈禧 40 整岁，遂以奉养两宫皇太后为借口,由清穆宗特谕：择要兴修圆明园。圆明园修复工程终因清政府财政窘困,物力艰难,被迫于同治十三年（1874 年）七月廿九日降旨停工。

光绪即位后,慈禧继续当政。慈禧为了给自己准备一处"归政"后颐养享乐的场所,于光绪十一年（1885 年）五月初九,亲令御前大臣、军机大臣、奉宸苑,会同醇亲王奕譞,负责组织修建西苑。这次修建工程,包括新建、改建及拆建、补建等项,在南海重修了瀛台、翔鸾阁、澄怀堂以及仪鸾殿等约 98 处；在中海重修了船坞、水云榭,并添盖了军机处等；在北海重修了承光

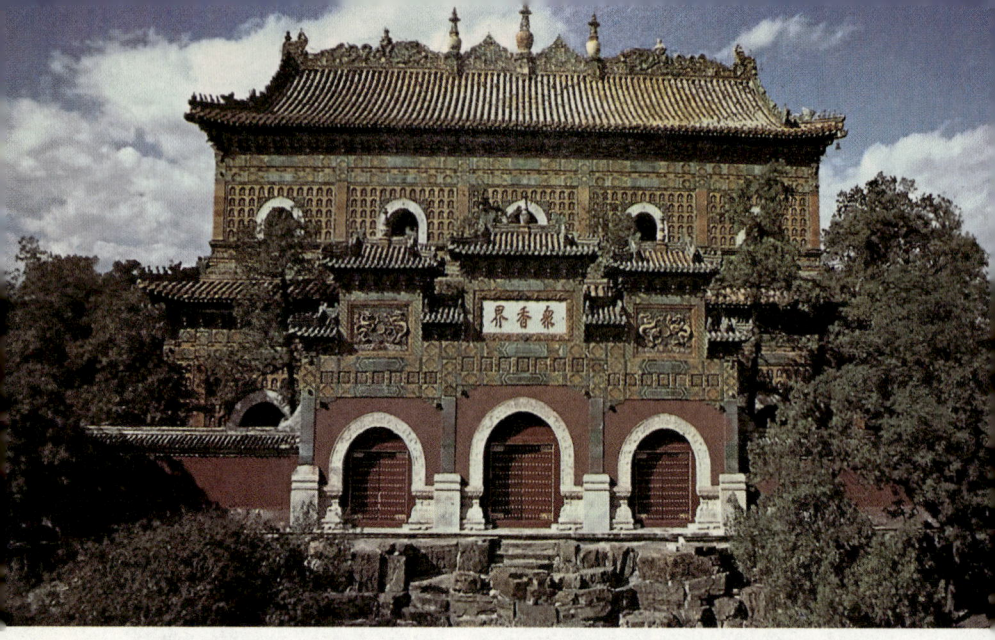

颐和园智慧海

殿、阐福寺、画舫斋等近20处。与此同时,还将蚕池口教堂(北堂)迁至西安门内西什库,把教堂原址划入三海的范围之内。经过三年紧张的施工,三海工程于光绪十四年(1888年)四月竣工。在此后的数年里,慈禧大部分时间居住于西苑仪銮殿。

光绪十一年(1885年),在慈禧的授意下,设立了海军衙门。翌年,在海军衙门的主持下,以操练海军、筹建昆明湖水师学堂为由,开始修治清漪园。光绪十四年(1888年)三月十三日,将清漪园改名为颐和园。经过10年的营建,颐和园工程于光绪二十一年(1895年)结束。

光绪二十六年(1900年)8月初,美、英、法、日、德、意、俄、奥八国联军入侵中国,8月14日,俄、德、日等侵略军攻入北京城。16日凌晨,慈禧挟清德宗仓皇逃往西安。八国联军攻占北京城后,侵略军统帅瓦德西设统帅部于西苑仪銮殿,总兵站司令部设于天坛,在圜丘坛上架起重炮,轰击前门和紫禁城。8月17日联军特许公开抢劫三日，北京自元、明以来之积聚，上自典章下至国家珍奇，被劫掠殆尽。景山内的古建筑遭到严重破坏，许多文物被劫走，景山上五亭内的铜佛，除万春亭内的毗卢遮那佛外，其他四尊均被劫走。西苑三海各宫殿均有侵略军驻扎，各处陈设皆被侵略军所掠。中海至北海的铁轨和小火车亦被捣毁，万佛楼中的万尊金佛被洗劫一空。西苑南海仪鸾殿等处宫殿，被德军纵火焚毁数百间。8月30日，俄国和日本侵略军攻占万寿山，随后美、意、英等国侵略军进占了颐和园。园中凡是可以搬动的珍贵宝物，尽遭抢掠。守护西郊皇家园林的八旗清军，非但不予抵抗，还勾结地痞、流氓趁火打劫。经此劫难，同治、光绪两朝修缮的园林建筑被大部毁灭，园林树木亦被砍伐。

八国联军还闯入沙河和南苑地区。沙河行宫遭德、俄侵略军的抢掠和焚毁；团河行宫先遭日本侵略军的抢掠，后又遭俄军的洗劫，不仅行宫中的大量珍宝被劫，连南苑麋鹿圈中的近百头麋鹿和其他驯鹿亦全部被赶走或杀死。数日后，南苑行宫被意军焚毁。

光绪二十七年八月初五（1901年9月17日），八国联军撤出北京。光绪二十七年十一月廿八日（1902年1月7日），慈禧、光绪自西安返京，立即动用巨款将残破的颐和园加以修缮，稍后又对西苑的南海进行了一次大修。颐和园和西苑成了清代末年维持皇室活动仅有的两处宫苑。

此后，清廷修缮园林的活动完全停止，其他行宫御苑任其倾圮。

民国北京的官苑

1913年（民国二年）3月3日，逊清皇室将西苑三海移交中华民国政府，嗣后军阀部队进驻北海，中南海成为总统府办公处所。

1914年（民国三年），民国政府与清室内务府共同制定《颐和园等处售券试办章程》，将颐和园及静明园一并开放售票供群众游览。

1925年（民国十四年），北海辟为公园，于8月1日正式售票对外开放。团城于1938年（民国二十七年）财政整理委员会撤出后，亦对外开放。

民国时期，中海和南海合称为中南海。袁世凯在北京宣誓就任临时大总统后，中南海成为总统府，府址设在南海的勤政殿，其殿也同时改建成为西洋式礼堂，作为接见外国宾客之用。袁世凯改海晏堂为居仁堂，曾一度为国务总理办公室，1927年（民国十六年），张作霖以居仁堂为"大帅府"。民国初年，还于中南海营建有延寿斋、福寿轩、延庆楼、福禄居等建筑。曹锟任总统时在延寿斋办公，直奉军阀混战，曹锟又被冯玉祥囚禁在延庆楼内。首都南迁后，中南海有限制地对外开放。

1928年（民国十七年），内政部将颐和园及静明、圆明两园一并收管。同年7月1日，颐和园正式改为公园。

辛亥革命后，曾将静明园租给玉泉山汽水公司，园林建筑破败凋零日甚。后又成立玉泉山猎场。

民国之初，圆明园尚属皇室私产，园中的砖石遗物随任权贵攫取。此后，园中残存建筑遗物陆续被盗拆或变卖，有的被移置他处。

1948年12月13日，中国人民解放军抵达颐和园地区。1949年1月20日，北平市军事管制委员会派员接收颐和园。1月31日北平和平解放，2月北平市人民政府公用局成立公园管理科，1949年2月15日派员接管北海公园，并陆续接管市内外公园事务。

1949年3月下旬，中共中央机关分批自河北省平山县迁至北平。毛泽东主席和其他中央领导人，3月25日上午乘火车抵达清华园车站，然后改乘汽车到颐和园。毛泽东主席亲自询问接收颐和园情况，并指示要对原有职工全包下来，照发工资，向他们学习管理公园经验，先把原有公园管理好，还要建设许多新公园，过去的公园是少数人逛的，我们要让劳动人民都能逛公园。1949年3月25日下午5时，毛泽东、刘少奇、朱德、周恩来、任弼时等在西郊机场检阅入城部队，入城式结束后，乘吉普车到达香山静宜园。毛泽东住双清别墅，刘少奇、朱德、周恩来、任弼时分住于来青轩。

1949年4月10日，颐和园恢复开放。4月18日，北海成立公园管理处。

1949年4月21日，玉泉山静明园停止开放，辟为中央领导人办公驻地。

1949年9月21日，中国人民政治协商会议第一届全体会议开幕后，毛泽东、朱德、周恩来等人自香山移驻中南海，香山静宜园仍由中共中央办公厅驻守。

中华人民共和国北京的宫苑公园

中华人民共和国成立后，人民政府对北京的皇家园林采取一系列措施进行重点保护和修葺。20世纪50年代对在古典园林公园内建房进行了严格控制，以防破坏古典皇家园林的格局。北京市园林处向所属各公园转发了国务院《关于加强保护文物古迹的指示》，要求各公园认真贯彻执行，做好古典园林的保护工作。北京市人民委员会1957年10月28日发出了关于《北京市第一批古建文物保护单位和保护办法》的通知。名单中有北海及团城、景山、颐和园，古典园林的文化内涵也逐渐被人们所认识。

1950年1月，北京市卫生工程局为整治北京市的河湖拨出专款，借助驻北京部队力量，同时动员民工14 000余人，对北海、中海、南海及玉泉山水系全面进行了疏浚。疏浚工程自1950年4月中旬正式开工，5月底湖泊疏浚完成，6月中旬全部护岸砌筑完成。三海共挖出淤泥80万立方米，新建护岸8.9公里，蓄水能力达到1023万余立方米。玉泉山泉池及其周围经过疏浚，面积达到7.6公顷，清除污泥52 000立方米，使泉水直入河道，从泉源经长河至护城河直达通惠河，河道畅通，水量增加，流速加快，古典园林中的湖泊水体变清，人民群众有了较好的休憩环境。

1950年5月，北京市人民政府公园管理委员会先后从北京市文物整理委员会、北京市计划委员会、永茂建筑公司等有关部门，聘请文物、建筑专家作为古建文物保护的技术顾问，指导公园的修建工作。1951年6月21日，北京市人民政府公园管理委员会第一次全体委员会议确定了"在自给自足的原则下进行重点恢复和建设"的方针。8月11日第二次全体委员会议又决定："今后各园遇有修缮工程凡有关文物方面者，应及时与文物整理委员会联系。"第三次全体委员和顾问会议上，初步拟定了各园的发展重点，提出了北海以湖山、颐和园以古建筑和古物为重点。为了管好这些园林，又初步拟定了等级，按等级不同安排人事和业务工作。

为了解决园林古建维修资金短缺的矛盾，园林部门从1950年开始对各公园人力、财力、物力实行统一管理。同时市人民政府向各大行政区募集维修古建筑资金。

1950年首先修建了颐和园内的佛香阁、排云殿中心建筑群的消防设备，并抢修了沿湖石栏和渗漏房屋。1951年，市人民政府比上一年增加5倍投资，从此颐和园把古建筑维修列为经常工作。

1953年，根据以急需和重点修缮为出发点的原则，开始对古建筑重点整修。1954年开始，北海公园对濠濮间水池疏浚清淤、整修治理道路、更换了供电设备、解决下水排污管道、完善供水网络。

1954年12月12日，北京市人民政府决定将景山公园移交市园林处。1955年3月1日市园林局正式接管，并成立了景山公园管理处。1955年7月16日，经过整修后的景山公园正式对外售票开放。

1956年4月2日，西山风景区管理处进驻香山静宜园。

这一时期，宫苑的服务对象是人民群众，基本上按照公园的模式进行规划建设与管理，重大节日的群众游园活动是重要特色。

"文化大革命"初期，古典园林内一些古建筑被任意拆改，破坏了园林景观，有的文物被当作"四旧"大量损坏丢失。在景色清幽的颐和园后湖湖心上建了4座"洋桥"，桥上刻诗词、红五星，其中一座石桥与古半壁桥同行并列。将挖湖的淤泥堆在凤凰墩西，把湖心岛与西堤连接起来，破坏了原有的风格。颐和园长廊上8000多幅彩画和北海公园长廊彩画中的人物皆被涂封。北海部分古建筑物上彩画改为葵花。北海公园白塔前善因殿墙上的445块带佛像的贴面砖、仙人承露盘、蟠龙柱、永安桥两端的石狮等，都遭受不同程度的搬挪和破坏。北海公园北岸的楠木殿（大慈真如宝殿）和琼岛白塔前善因殿内的佛像被砸或被卖。景山公园万春亭内仅存的毗卢遮那佛也被砸毁。颐和园佛香阁里的佛像被毁，香岩宗印之阁内铜佛21尊被当作废铜处理。北海公园内"初建白塔""重建白塔"二碑，均被砸碎。颐和园、北海公园还摘除了所有古建筑上的匾额、楹联。圆明园遗址仅1967年至1971年，就有216处土山和106处古建筑基址被挖掘破坏，24 000余株树木被砍伐，十几公顷绿地被侵占。

在园林职工的保护下，也有不少文物免于灾难。颐和园殿堂内陈列的文物，由于园林职工及时撤出转入库房保管，得以全部保存。颐和园在涂盖建筑彩画时，不用白漆用白粉，为使彩画恢复原貌做了准备。

1976年7月28日，唐山地区强烈地震波及北京，公园古建筑受损3 780平方米，一般管理房屋受损坏24 000平方米，围墙倒塌2500延长米。颐和园佛香阁三层琉璃挂檐板破裂，离位加剧；大戏楼、仁寿殿、乐寿堂游廊个别部位拔榫。北海白塔宝顶折断，天、地铜盘移位，十三天底座酥散，善因殿房檐塌落，墙身酥裂。当年对倒塌的围墙及一般小型损坏均及时进行了修复，对受损较大的建筑后来亦进行了整修。

1978年3月1日和5月8日，北海公园和团城相继重新对外开放。1981年11月30日和1987年12月30日，北海公园先后收回被中央文史馆和北京图书馆占用的静心斋、澄观堂，经整修后对外开放。

1976年底，圆明园管理处成立。1984年12月，圆明园遗址公园开始全面整修。1988年1月，国务院公布其为全国重点文物保护单位，同年6月29日正式开放。

1998年，颐和园、天坛被联合国教科文组织列入《世界文化遗产名录》。2001年北京市获得2008年第29届夏季奥运会主办权后，北京市政府斥资10多亿元，实施"金碧辉煌迎奥运"古建维修工程，恢复颐和园耕织图、天坛神乐署、香山勤政殿等传统景观，修缮颐和园佛香阁、天坛祈年殿、北海琼华岛等北京标志性古建筑14公顷，修缮规模创中华人民共和国成立以来北京园林古建之最。

中共十一届三中全会后，各公园对古建筑的科学保护与合理使用，丰富了公园的活动。

皇家宫苑集萃

紫禁城御花园

紫禁城中共有四座大小不等的花园,分别是御花园、慈宁宫花园、建福宫花园、宁寿宫花园(即乾隆花园)。其中,以御花园面积最大。

御花园位于紫禁城中轴线上,坤宁宫后方,明代称为"宫后苑",清代称御花园。始建于明永乐十八年(1420年),景泰六年(1455年)扩建,万历年间曾有增修,是宫中规模最大的一座花园。东西宽130米,南北长90米,占地面积约12 000平方米。园内建筑经明代嘉靖、万历,清代雍正、乾隆等时期的改建或添建,已有亭、台、楼、阁、轩、馆、斋、堂20余座,占全园面积的三分之一。建筑精巧多变化,以位于中轴线上的钦安殿为中心左右对称布置。殿的东北为堆秀山,山的东侧为藻堂、凝香亭;南侧为浮碧亭、万春亭、绛雪轩;殿的西北与堆秀山相对称者为延晖阁,阁西为位育斋、玉翠亭,南为澄瑞亭、千秋亭、养性斋;园中奇石百怪,古树成荫,树龄皆数百年。园内甬路方砖铺砌,两侧以卵石构图900余幅,饰以人物、花卉、景物、戏剧、典故等。园开4门，南门坤宁门与坤宁宫相通，东南角、西南角有琼苑东门和琼苑西门，通往东西六宫；北面中轴线上的正门，门内设3门相围，东为集福门，西为延和门，正面为承光门，北宫墙的顺贞门，与神武门相对，是内廷出入的重要门户，皇后及内廷人员出入宫廷多走此门。御花园是明清两代帝后小憩的御苑，清代选秀女也曾在御花园里进行。

钦安殿位于御花园正中，南北中轴线上。是御花园中的核心建筑，始建于明初，嘉靖十四年（1535年）添建墙垣后自成格局。清乾隆年间曾在前檐接盖抱厦五间，后拆除。钦安殿坐落在

御花园

汉白玉石单层须弥座上,南向,面阔五间,进深三间,重檐盝顶,中置鎏金宝顶,覆黄琉璃瓦。殿前出月台,周以穿花龙纹汉白玉石栏杆,龙凤望柱头,唯殿后正中一块栏板为双龙戏水纹。月台前出丹陛,东西两侧各出台阶。殿前阶下左右为白皮松。院内东南陈焚帛炉,西南置夹杆石,雕刻鱼、虾、龟、蟹、水怪、海水等图案。以北各有香亭1座。殿前院墙正中之门,曰"天一门",东西墙有随墙小门,连通花园。天一门,南向,明代嘉靖十四年(1535年)添建钦安殿院墙时所建,明称"天一之门",取义"天一生水"以避火灾。青砖单孔券门洞,双扇宫门,歇山式琉璃瓦顶,左右琉璃槛墙接院墙,门外左右列铜鎏金麒麟各一,前有供观赏的奇石,东面一块为含砾瑛砂岩石,西面一块,有似人面北作拜的彩纹,传称"孔明拜北斗"石,门前神路正中置铜香炉。天一门内迎面有两树连枝的古柏,称连理柏。钦安殿内供奉玄天上帝。清朝每年元旦于天一门内设斗坛,皇帝在此拈香行礼。每遇年节,钦安殿设道场,道官设醮进表。钦安殿事务由太监道士管理。清宫在每年立春、立夏、立秋、立冬日,都要在钦安殿设道场,架起供案,皇帝亲自到神牌前拈香行礼,"天祭"日也要在此设醮进表,祀天保佑。

　　堆秀山位于御花园内钦安殿东北,明初此处有观花殿。明万历十一年(1583年)拆去观花殿,在原址上依北宫墙叠石堆成的假山,高约10米,南面正中有石洞,内为砖砌穹隆式石雕蟠龙藻井,洞门满汉文额曰"堆秀",左侧湖石1块,上镌清乾隆帝御笔"云根"。洞之两侧山凹处各设1座喷泉石兽,山上左右暗设铜缸4口，以管相连，缸中注水下流至石兽口中喷出，为宫中现存仅有的水法。山两侧各有磴道。沿蹬道拾级而上可达山顶御景亭。御景亭是皇帝、皇后在农历九月初九重阳节登高的地方。自亭上可俯瞰宫苑，紫禁城、景山、西苑，尽在眼中。远眺，西山诸景点亦历历在目。

藻堂位于御花园内堆秀山东侧，依墙面南，堂正中摆设嵌玉花屏风，上悬乾隆皇帝御笔额曰"藻抒华"。两旁有联曰："庭饶芳毯铺生意，座有芸编结古欢。"西室门外联曰："从来多古意，可以赋新诗。"堂前临池碧水，藏于浮碧亭后，环境幽雅宁静。藻堂向为藏秘籍之所，以经史子集四部分置，以备临憩阅览，供随时翻阅。

延晖阁于御花园内钦安殿西北，东与堆秀山相望。明代建，初曰清望阁，清改今名。阁面南两层，卷棚歇山顶，覆黄琉璃瓦。下层面阔三间，进深一间，前檐明间开门，灯笼框隔扇门六扇，两次间为灯笼框槛窗。上层高出后宫墙，四面出回廊，亦为灯笼框隔扇门、槛窗。下层东次间内设楼梯，可通上下。延晖阁高居于宫墙，可供于园中登临远眺。清代皇帝留有登此阁吟咏的诗句。阁前松柏数株，为明代所植。

万春亭在御花园东，明初建，明嘉靖十二年（1533年）改建。亭四面，每面三间，明间出抱厦，平面呈形，周以汉白玉石栏杆，四面开门，各出阶。重檐，下层随抱厦出檐，上层为伞状攒尖圆顶，亦称"一把伞"，顶置彩色琉璃葫芦形宝顶，上覆以鎏金伞盖。外檐装修三交六椀菱花隔扇门窗。亭内天花板绘双凤，盘龙藻井。清代亭内曾供关帝像。

养性斋位于御花园西南，始建于明代，称乐志斋，清代改今名。平面呈"凹"字形，覆黄琉璃瓦，转角庑殿顶。清乾隆十九年（1754年）改建为转角楼，嘉庆二十年（1815年）重修，挑伞拨正，拆修廊檐，改修内外檐装修，拆修楼前月台一座，台面改墁金砖，楼座外檐油画，内里糊饰。楼上正中悬康熙帝御笔匾"飞龙在天"。楼下正中悬匾"居敬存诚"，北楼下东向悬匾曰"悦心颐神"。斋前叠石环抱，曾有曲流馆，后拆除。清嘉庆、道光两帝时常来此斋。逊帝溥仪的英文教师庄士敦曾在此居住。

明代御花园中有曲流馆，有渠水，明初修建。据乾隆年间勘修，养性斋前曾有渠水，水道已堵塞，今无存。顺贞门御花园之北门，位于紫禁城中轴线上。始建于明初，原称坤宁门。明嘉靖十四年（1535年）改称今名。顺贞门是内廷通往神武门之主要通道，皇后往西苑祭先蚕、寿皇殿行礼、赴园（圆明园）等进出宫，均出入此门。皇帝有时亦出入此门。后宫亲族中女眷奉旨会亲于此。明代宫人遇病故，出右旁之门。清代选秀女亦进此门。

解放以后，御花园成为故宫的重要景点，进行了相应的改造，拆除了破房。在原地上砌了个方砖台子。里面植上了数株翠竹，六块长短不等的淡绿色的剑石矗立其间。石前植有数株牡丹花。其中还有一株牡丹中珍品——墨牡丹。花开之际，红墙为衬，绿色的剑石与翠竹争辉，红牡丹与墨牡丹争奇斗艳，在原地植上了两片竹林。翠竹与院内的白皮松，墙外的数株玉叶梅相呼应，形成了一处松、竹、梅岁寒三友的绝妙佳境。引得无数游人流连忘返。

清漪园—颐和园

位于北京西北郊，由万寿山和昆明湖构成。万寿山原称为瓮山，为西山的一支余脉。瓮山脚下是一片海拔仅三四十米的低平原，由众多的泉水汇集成的天然湖泊，称为瓮山泊。

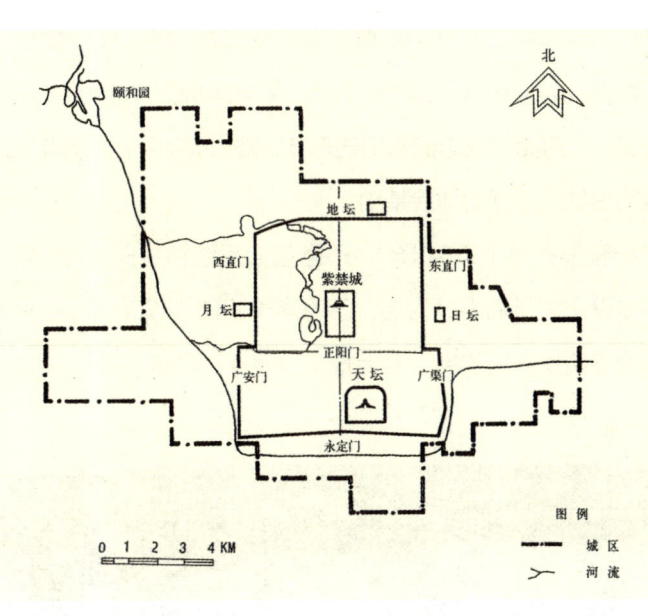

颐和园在北京城区位置图

元代建大都后，为沟通南北漕运，由郭守敬主持从昌平神山引白浮泉之水，沿西山山麓汇玉泉、龙泉诸水，注入瓮山泊，再通过新开的河道，将水引入京城，以接济南北大运河的通惠河。瓮山泊从此成为京城的一座水库。

明代瓮山泊附近的大片土地，因得灌溉而辟为稻田。沿湖榆柳夹岸，湖中菱、芡、莲、菰交芳，鱼禽泳翔，宛如江南水乡，出现"西湖十景"美名。弘治七年（1494年），明孝宗在瓮山的南面修建圆静寺。明武宗时期，又在湖滨筑好山园别苑。

清代，乾隆十四年（1749年），清高宗动用上万民工疏浚西湖，湖面向东扩展，辟出南湖一岛，利用畅春园西墙外的西堤改造成为西湖的东堤。于湖西重新修筑一条长堤，分界湖水。西北部开出一条水系，沿瓮山后坡曲折弯转成为后湖。经过整治，不仅使西湖成为一座兼具灌溉、蓄水、排洪功能的水利枢纽，同时也使瓮山、西湖形成山嵌水抱的形式，瓮山有如托出水面的岛山，为造园提供了良好的地貌基础。

乾隆十六年（1751年），适逢皇太后钮祜禄氏60整寿。清高宗遂以庆祝母后寿辰为名，于乾隆十五年（1750年），选择瓮山圆静寺废址兴建佛寺，名大报恩延寿寺。次年，将瓮山改称万

十七孔桥

寿山，将西湖易名昆明湖，并在万寿山南麓一带动工建筑厅、亭、台、楼、阁、轩、馆、榭、廊、桥。乾隆十六年（1751年），改万寿山行宫为清漪园。

清漪园的修建共用了15年的时间，内务府共销算工程用银四十八万二千八百五十一两九钱五分三厘。清漪园建成后，清高宗在位的60年中，共到过清漪园147次，留下了1500余首吟咏清漪园景物的诗篇。嘉庆、道光两朝，清漪园仍保持着乾隆时期的规模和格局，只有个别建筑物增减和易名。嘉庆改惠山园为谐趣园，并增建涵远堂；拆除了南湖上的望蟾阁，改建涵虚堂。道光因宫中公主多于皇子，而拆毁凤凰墩上的会波楼及配殿；为了节省开支曾一度撤去各殿宇的陈设。

咸丰十年（1860年），英法联军入侵北京，对京郊的皇家园林进行野蛮的焚掠，清漪园也同遭厄运。

光绪十一年（1885年），在慈禧的授意下，设立了海军衙门，以筹建海军名义筹集资金重建清漪园。光绪十二年（1886年），在海军衙门主持下，修建清漪园工程以操练海军、筹建昆明湖水师学堂为由秘密开始。光绪十四年（1888年），慈禧以清德宗的名义发布上谕，正式公开了清漪园工程，并将清漪园更名为颐和园。由于中日战争中惨遭失败，全国人民怨声载道,国库财源枯竭,慈禧不得不在光绪二十一年（1895年），在裁撤海军衙门的同时，停止颐和园工程。此次修复工程，仅限于万寿山前山、前湖和谐趣园地区，基本上是仿照清漪园原貌进行的，只有个别地方有所改变。如将大报恩延寿寺改建成为慈禧祝寿的排云殿建筑群，乐

颐和园遥感图

寿堂改建成一层作为慈禧的寝宫，增加了德和园戏楼，昆明湖东、西、南三面砌了围墙，耕织图被划出园外。万寿山后山、后湖及昆明湖西湖依然是残垣断壁、荒台废基。

光绪二十六年（1900年），八国联军入侵北京，颐和园再遭劫难。光绪二十八年（1902年），清朝又动用巨款，将破坏的颐和园再次修复。

颐和园东宫门外有一座高大的木构牌楼，正面额书"涵虚"，背面额书"罨秀"。这是进入颐和园园区的重要标志。东宫门外还有一座小石桥和一面红色的影壁。东宫门面阔五间，有六扇朱红色大门，檐下悬挂"颐和园"三字匾额。东宫门的前面置一对铜狮，是清漪园时代的遗物。东宫门台阶正中的云龙石上面雕刻有二龙戏珠图案，系乾隆时代的作品，抗日战争前从圆明园安佑宫废墟上移来，损坏部分已于1978年4月修补复原。东宫门外两侧对称地排列着4座建筑，靠近东宫门的两座为南北朝房，另外两座为大门侍卫和散佚大臣、乾清门侍卫值房。

仁寿殿是慈禧太后和清德宗在颐和园居住时处理朝政的地方，包括殿前南北两侧的配殿和仁寿门外的南北九卿房。仁寿门是一座二柱一楼牌坊式的门楼，两侧有带须弥座砖砌照壁。仁寿门内矗立一块巨大的太湖石，是光绪十五年（1889年）从睿王（多尔衮）园移来的。仁寿殿面阔七间，原建于乾隆十五年（1750年），名勤政殿，咸丰十年（1860年）被英法联军焚毁，光绪年间重建，改名仁寿殿。殿周围有廊，殿外露台上置四只乾隆时期的铜香炉和光绪时期的铜龙、铜凤、铜缸各一对，院中置一只从圆明园移来的铜麒麟。

玉澜堂是清德宗在颐和园时居住的地方，位于仁寿殿之西，紧靠昆明湖岸，始建于乾隆十五年（1750年），咸丰十年（1860年）被英法联军焚毁，光绪时重建。玉澜堂为一处大型的四合院，正殿名玉澜堂，东配殿名霞芬室，西配殿名藕香榭，均为前后有门的穿堂殿，藕香榭西门外为一座船码头，出藕香榭即可达昆明湖岸边。玉澜堂下殿后面亦有门，可通宜芸馆。光绪二十四年（1898年）"戊戌变法"失败后，玉澜堂成了软禁德宗的地方。慈禧为断绝清德宗与外界的联系，命人将玉澜堂的全部通道用墙堵死，现在封闭这所院落的墙壁多已拆除，只有玉澜堂正殿后和东西配殿内两堵高至屋顶的砖墙犹存。

宜芸馆在玉澜堂的后院，是清德宗的皇后隆裕居住的地方，始建于乾隆十五年（1750年），咸丰十年（1860年）被英法联军焚毁，光绪时重建。宜芸馆亦是一座四合院式的建筑，前面有叫宜芸门的垂花门，正殿名宜芸馆，东配殿名道存斋，西配殿名近西轩。"戊戌变法"失败后，宜芸馆与玉澜堂之间的通道被切断。宜芸门内两侧的廊壁上嵌有16块石刻，原系谐趣园的前身惠山园内墨妙轩的遗物，上刻乾隆临摹古代书法家的真迹。

乐寿堂是慈禧在颐和园时居住的地方，是颐和园生活区的主体建筑，始建于乾隆十五年（1750年），原建筑为两层，咸丰十年（1860年）被英法联军焚毁，光绪十三年（1887年）重建后为现在的样式。乐寿堂的正门名水木自亲，是紧靠昆明湖的5间穿堂殿，门外为一座石造雕栏码头，是慈禧由水路到颐和园下船的地方。正殿乐寿堂面阔七楹，前面出轩五楹，后面出厦三楹，平面呈"亚"字形。正殿东西各有配殿，后院有罩房九间。乐寿堂院内有一块巨大的山石，名青芝岫，石长8米，宽2米，高4米，色泽青润。山石出自北京西南郊大房山，原为明代米万钟所采，准备运置勺园，后因米氏被魏忠贤陷害获罪，遂托称财力穷竭，将山石弃之于良乡郊野，当时人称此石为败家石。乾隆十五年（1750年），清高宗去西陵路过良乡发现此石，命运置乐寿堂院中，并就其色泽，名之为青芝岫。乐寿堂后院种植有玉兰、海棠、牡丹等名贵花木。乐寿堂前面，对称地排列着铜鹿、铜鹤和铜瓶。

德和园在仁寿殿北面，光绪十七年（1891年）至光绪二十一年（1895年），在清漪园时期怡春堂旧址上改建而成，是专供慈禧看戏的地方。德和园为一座三进院落，园内东、西、南三面群房为太监执事的住所，北进为大戏楼。大戏楼翘角重檐，高21米，上下共三层。底层舞台宽17米，可以表演神仙升天、下凡、鬼怪钻天入地等情节。戏台底部有一深水井和5个方形水池，可置水法布景。德和园大戏楼是当时国内最大的一座戏楼。与戏楼相毗连，

德和园大戏楼

是一座二层扮装楼。戏楼对面隔庭院广场为颐乐殿，面阔七间，是慈禧看戏的地方。颐乐殿东西廊用木障隔成十二厢，是被恩赏的王公大臣看戏的地方。

扬仁风在乐寿堂的西北，是乐寿堂附属的一座庭院。院内有满月形洞门、凹形荷池和依山宛转的粉墙，庭院北面正中山坡上有一组扇形建筑，酷似江南园林景色。乐寿堂后院九间房以东有一处套院，称永寿斋，是当年大太监李莲英的住所，人称总管院。

长廊，又称千步廊，沿湖背山，东起邀月门，西止石丈亭，全长728米，共273间，是中国古典园林建筑中最长的廊子。长廊始建于乾隆十五年（1750年），咸丰十年（1860年）被英法联军焚毁，光绪时重建。长廊以排云门为中心，东有留佳亭、对鸥舫、寄澜亭；西有秋水亭、鱼藻轩、清遥亭。留佳、秋水、寄澜、清遥四亭，均为八角形。西部鱼藻轩北楼接一短廊，连接山色湖光共一楼。长廊的地基和廊身，随万寿山南麓地势的高低而起伏，随昆明湖岸的弯曲而转折，四座八角亭恰是高低和变向的连接点。由于处理巧妙，利用左右借景转移人们的视线，使人们在长廊中行走游览时，地基虽有高低但不

长廊

觉其不平，走向虽有迂回但不觉其曲折。长廊的梁枋上，分别绘有14 000余幅苏式彩画，内容包括花卉翎毛、人物故事、山水风景等。人物故事多采自中国古典名著，如《西游记》《三国演义》《西厢记》《水浒传》《红楼梦》《封神演义》等。上层横梁上还绘有500多只象征长寿的仙鹤。现在所见的长廊彩画是1959年重新绘制的。

排云殿在万寿山前山中部建筑的中轴线上，是万寿山前山最宏伟的一组建筑群，是专为慈禧做寿而建的。此处原为明代圆静寺旧址，清漪园时为大报恩延寿寺的大雄宝殿所在。咸丰十年（1860年）大雄宝殿被英法联军焚毁。光绪十三年（1887年）改建为排云殿。排云殿依山筑室，步步登高。排云殿的大门为排云门，

从佛香阁俯瞰排云殿

清漪园佛香阁

面阔五间,门前有一座高大的石牌坊,额书"云辉玉宇"和"星拱瑶枢"。门旁置12块形状各异的太湖石。排云门与石牌坊之间,置一对铜狮。太湖石与铜狮,均系畅春园的遗物。排云门内有金水桥和东、西配殿。东配殿名曰玉华,西配殿名曰云锦。金水桥下为荷池,桥北为二宫门。二宫门内北面一座雄伟宏丽的大殿即排云殿,大殿五楹,建在石砌月台上,内殿横列复道和东西夹室,共21间。殿内挂一幅大型慈禧画像,为荷兰画家华士·胡博画于光绪三十一年(1905年),慈禧时年71岁。排云殿东西两侧各有配殿五楹,东曰芳辉,西曰紫霄。两配殿有爬山廊,通后院耳房及德晖殿。后院两耳房之间为依山而筑的石砌高台,89级石阶曲折而升,通至台上的德晖殿。排云殿一组建筑之间有游廊相通,经爬山廊可直抵佛香阁。

  佛香阁建在万寿山前山的山腰处,现为一座八面三层四重檐攒尖顶塔形建筑,高41米,其下为高29米的包山而建的方形台基，高踞于全园的中心，是全山的最高建筑物。乾隆十五年（1750年）建大报恩延寿寺时，原准备于此地仿杭州钱塘江畔六和塔，兴建一座9层的延寿塔。乾隆二十三年（1758年），当修至第8层时，塔身坍塌，"奉旨停修"，改建为四面三重檐三层的阁楼，第一层院有宽的单檐，起四脊；第二层挑高出第三层，四周有廊。咸丰十年（1860年）佛香阁被英法联军烧毁，光绪十七年（1891年）又重建，光绪二十年（1894年）竣工。这次重修，估银七十八万五千六百三十四两六钱八分九厘，是颐和园中最大的工程项目。佛香阁各面均为三楹，每层都有廊，并有朱红廊柱21根，以8根大型铁梨木为擎天柱，结构繁复，气势宏伟，是一座艺术价值很高的古典建筑。登阁不仅可以饱览昆明湖上的风光，周围数十里的景色也尽收眼底。

佛香阁的东西两边假山上，各有一座精致的方亭，东亭名曰敷华，西亭名曰撷秀。沿亭外石级或亭内的石洞向下，东通转轮藏，西通宝云阁。

转轮藏是一组仿杭州宋代法云寺藏经阁修建的宗教建筑，由一座面阔三间二层三重檐正殿和以飞廊连接的两座二层配亭组成，始建于乾隆年间，咸丰十年（1860年）被英法联军焚毁，光绪时重建。转轮藏从东、西、北三面环抱高大的"万寿山昆明湖"石碑，石碑建于乾隆十六年（1751年），正面刻"万寿山昆明湖"六个大字，背面刻《万寿山昆明湖记》，均为清高宗手笔。《万寿山昆明湖记》记述了扩建昆明湖的目的和经过。

宝云阁坐落在五方阁的中央，是一座仿木结构的铜铸佛殿，

宝云阁

重207吨，重檐歇山顶，号称金殿，因其外形似亭，故又称铜亭。宝云阁建于乾隆二十年（1755年），咸丰十年（1860年），英法联军将阁内佛像及陈设洗劫一空，只剩下一张铜桌。

智慧海在佛香阁之北，万寿山的山顶，全部用砖石发券砌成，又称无梁殿。殿的外形为仿木结构，壁上嵌有千余尊琉璃佛像，殿内供有高大的观音像。咸丰十年（1860年），殿内木制佛像被英法联军焚毁，壁上的许多尊琉璃佛头被砸坏。智慧海建于乾隆十五年（1750年），是现存不多的清漪园时期的建筑之一。智慧海前有一座五彩琉璃牌坊，名众香界。牌坊前后面额上题众香界、祇树林、智慧海、吉祥云，构成一首佛家的三字偈语。

听鹂馆位于长廊最西端清遥亭的北面，是清代帝后看戏的地方，始建于乾隆年间，咸丰十年（1860年）被英法联军焚毁，光绪十八年（1892年）重建。馆内原有一座二层戏楼,清漪园时,戏楼坐北朝南,听鹂馆坐南朝北,慈禧修建颐和园时将这两座建筑调换了位置。

画中游位于听鹂馆以北的半山坡上,是依山而筑的一组建筑,始建于乾隆时期,咸丰十年（1860年）被英法联军焚毁,光绪时按原样重建。这组建筑的中间是一座两层的楼阁,两侧各有一座重檐亭子,左右对称。楼阁和亭平面均作八边形。东西又各有一楼,东楼曰爱山,西楼名借秋。阁后有一座高大的石牌坊,正中的五间殿名澄辉阁。各建筑物之间,由两层的爬山廊连接。画中游建筑精巧,是万寿山西部的一处较好的点景建筑。登上画中游,可以看到湖光山色交映生辉,堤岛娇娆,楼台金碧;西眺玉泉,更是山外青山,颇有置身于画中之感。

湖山真意位于画中游的北面,为一座面阔五楹的敞厅,清漪园时名清音山馆。咸丰十年（1860年）被英法联军焚毁,光绪时重建。

石丈亭位于听鹂馆之西,亭内有一高3米的巨石,取宋代米芾见石即拜并尊称为"石丈"的故事,命名石丈亭。

清晏舫位于石丈亭以西的昆明湖中,建于乾隆二十年（1755年）,原名石舫。舫上原有二层中式舱楼,咸丰十年（1860年）被英法联军焚毁,光绪十九年（1893年）改建成西式舱楼,并在船体两侧加装两个机轮,改名为清晏舫。石舫长36米,用巨石雕造而成。清高宗曾撰有《御制石舫记》,叙述了建造石舫的原委。石舫以东为寄澜堂,由此可乘船达南湖岛龙王堂。石舫之

清晏舫

北有延清赏楼,又西为水周堂,光绪时改建后易名澄怀阁。

万寿山后山、后湖一带,清漪园时期有许多建筑群,其规模可与前山比美。从颐和园北宫门,经后湖上的一座三孔桥,然后是松堂、须弥灵境、香岩宗印之阁、四大部洲,为一条中轴线。中轴线以东,有益寿堂、花承阁、寅辉及多宝琉璃塔等;西侧有云会寺、绘芳堂、构虚轩、清可轩、赅春园、味闲斋、绮望轩等。后湖北岸有嘉荫轩、看云起时等,后湖的东端有谐趣园,后湖两岸还有一条临水的买卖街。后湖区的建筑,经过咸丰十年(1860年)和光绪二十六年(1900年)的两次摧残,大部分只剩下残垣断壁。

寅辉是后山中御路上的一座城关。后山中御路东起万寿山东麓,中经须弥灵境,西至万寿山西麓。城关左控山谷,右临长河,关前一桥横跨深涧,俨然雄关要塞。

香岩宗印之阁是后山最大的一组建筑，亦称后大庙，是一组典型的西藏三摩耶式的喇嘛教寺庙。清漪园时为一座三层的大型楼阁，外观与热河的普宁寺相仿。周围有象征佛教世界的四大部洲，在四大部洲的周围又有用不同形状塔台修建的八小部洲，还有代表佛"四智"的红、白、黑、绿四座喇嘛塔。在四大部洲与八小部洲中间，有两座凹凸不同的台殿，一座代表月台，另一座代表日台。咸丰十年（1860年）这组建筑被英法联军焚毁，光绪年间重修颐和园时，在香岩宗印之阁的基础上又建起一座大型佛殿，仍用原来旧名，其他建筑没有恢复。

多宝琉璃塔坐落在后山东山坡上，高16米，为一座七级八角攒尖琉璃佛塔。塔下有碑，恭勒御制宝塔颂。

赅春园，入园有高2米多的叠石假山，拾级而上，依山建蕴赏惬大殿，殿前出廊，殿东有廊通敞厅，名竹，其东有爬山廊，通石山、石洞、山石踏跺。山崖尽处为清可轩，以自然岩石为墙，轩顶后檐仿塔在自然岩石壁中，若天然山洞。沿清可轩西游廊而上为香岩室岩洞，西侧依山为留云阁。咸丰十年（1860年）被英法联军焚毁，现在仅存基址。

后山脚下有一条狭长、曲折的人工河，俗称苏州河，亦称后湖。苏州河两岸垂柳依依，浓荫匝地，四季风景如画。后湖两岸有一条买卖街，俗称苏州街。苏州街以三孔长桥为中心向两侧展开。乾隆时还为其母祈求长寿修筑一条蝙蝠形河岸，取蝠字的谐音，把河称为福河。咸丰十年（1860年），苏州街亦被英法联军焚毁。

谐趣园建于乾隆十六年（1751年），仿江苏无锡惠山脚下的寄畅园而建，初名惠山园。嘉庆十六年（1811年）重修，改名谐趣园。咸丰十年（1860年）被英法联军焚毁，光绪十八年（1892年）重建。谐趣园由临水的十三座亭、台、楼、榭和上百间游廊组成。园中间为水池，池边砌太湖石，沿岸植垂柳。园门之东有曲桥通知春堂，又有曲桥接引镜亭，亭东有廊通洗秋亭。洗秋亭北为饮绿亭，是慈禧钓鱼处。出饮绿亭向东有知鱼桥，桥东西两端有石坊，过桥为知春堂。知春堂坐东朝西，面阔五间带廊，前有月台。经知春堂北走廊，转角处有八方小亭，向西曲廊数折，至涵远堂后庑。涵远堂于乾隆时名墨妙轩，位于池北岸正中，殿中原存有三希堂续摹石刻，光绪改建时将石刻移至宜芸门，将墨妙轩改名涵远堂。堂西有曲廊通瞩新楼，此楼乾隆时名就云楼。楼下曲廊南通澄爽斋，乾隆时名澹碧斋。斋之南有廊通正门。谐趣园藤青柏翠，柳绿花红，亭台殿廊有致，具有浓重的江南园林特色。谐趣园西北有玉琴峡，从后湖引来的流水，潺潺淙淙，犹如琴声。玉琴峡口巨石嶙峋，翠柏青藤，绿竹红蓼，一派水乡园林风情。

景福阁位于万寿山东部的山脊上，与万寿山西部山脊上的湖山真意遥相对应。景福阁是一座三卷式建筑，前面有敞厅。清漪园时期此地为一座平面呈六瓣莲花形的三层楼阁，名昙花阁，咸丰十年（1860年）被英法联军焚毁。光绪十八年（1892年）改建成现在的式样，并改名为景福阁，是慈禧赏雨、赏月的地方。景福阁地势高敞，向南可俯视昆明湖金光万点，知春亭、南湖岛

万寿山昆明湖全景

和十七孔桥皆历历在目。雨天,则四面云山,烟树无际,景色尤为不凡。

昆明湖,水面有220多公顷,沿湖及湖中有仿杭州西湖的西堤和西湖六桥,以及东堤、十七孔桥、南湖岛、藻鉴堂、治镜阁及铜牛、知春亭、文昌阁等。

西堤在昆明湖西部,纵贯南北,沿岸广植桃、柳。西堤上架有6桥,由北而南依次为界湖桥、豳风桥、玉带桥、镜桥、练桥和柳桥。6座桥的形式各异,除界湖桥和玉带桥外,其他4座桥上均建有敞亭。界湖桥位于昆明湖与后湖的转折处,清漪园时称柳桥,咸丰十年(1860年)被英法联军焚毁,光绪时重建颐和园,改名界湖桥。界湖桥为东西向三孔石桥,桥身呈"亚"字形,桥南有一座牌坊。豳风桥在清漪园时称桑苎桥,重建时改豳风桥,桥上建有重檐屋形长亭。玉带桥是西堤唯一的一座高拱石桥,是当年乾隆乘船从昆明湖至玉泉山的通道,桥拱高而且薄,形如玉带,是颐和园中著名的桥梁之一。镜桥桥上建八角重檐攒尖桥亭一座,四望湖水如镜。练桥桥上建重檐四角攒尖亭。柳桥在清漪园时称界湖桥,光绪重建时,西堤遍植垂柳,桥身掩映在柳色之中,故改名为柳桥,桥上建重檐歇山箍头脊桥亭。

南湖岛亦称蓬莱岛。这里原是一道通至瓮山和蓝靛厂的长堤,堤上建有龙王堂。乾隆年间开拓昆明湖时,挖断长堤,保留了龙王堂及其周围的土地,遂成为一座小岛。南湖岛的面积约1.06公顷,北部有叠石假山,山上有涵虚堂。涵虚堂始建于乾隆年间,原是一座仿湖北武昌黄鹤楼建造的三层楼阁,名望蟾阁。光绪时改建为涵虚堂。涵虚堂东南有广润灵雨祠(龙王庙)。南湖岛上另建有鉴远堂、澹会轩、月波楼、云香阁等。

十七孔桥是颐和园中最大的一座石桥,建于乾隆年间,是连接东堤与南湖岛的桥梁。桥长150米,宽8米,桥身由十七个发券孔组成,正中一孔最大,两侧依次渐小。桥栏望柱共62对,望柱柱头雕有石狮540余只,形态各异。桥的造型兼有北京卢沟桥和苏州宝带桥的特点。

与南湖岛龙王堂隔湖相对,有凤凰墩上的凤凰楼。凤凰墩是昆明湖中最小的一座岛屿,是仿无锡惠山脚下黄埠墩而建的。环岛四周各有一座码头,乾隆年间在凤凰墩中央建凤凰楼,又名会波楼。凤凰楼四面各有一座配殿,以曲廊相连,道光十年(1830年)被拆毁。光绪时由于经费不足,另在岛上建一座小亭,人称凤凰亭。

西堤以西有两个较小水面,水中各有一岛。南面的一岛,其面积为昆明湖诸岛中最大,南岸建藻鉴堂,堂前临水为啜茗台。

北面一岛，建有圆形城堡，其上为治镜阁。圆城四门，南额曰豳风图画，北曰蓬岛烟霞，东曰秀引湖光，西曰清含泉韵。其中复为重城，四门额曰南华秋水、北苑春山、晖朗东瀛、爽凝西岭。阁制凡三层，下曰仰观俯察，中曰得沧洲趣，上悬治镜阁额。治镜阁于光绪十三年（1887年）被拆毁，仅留下一座残破的城基。

东堤原为畅春园外的西堤，乾隆扩展昆明湖后，成为昆明湖的东堤。东堤北起文昌阁，南至绣漪桥，沿堤植白杨及垂柳。堤岸有廓如亭、铜牛、绣漪桥、文昌阁等。文昌阁西南湖中还有知春亭。

绣漪桥在凤凰墩的南面，位于颐和园的最南方，建于乾隆年间，俗称锣锅桥。廓如亭在十七孔桥东端南侧，八角重檐。

铜牛，去廓如亭北不远，铸于乾隆二十年（1755年）。牛背上铸篆文《金牛铭》，记述铸置铜牛的经过。

文昌阁在东堤北端，三层，中层有文昌帝君像。

知春亭始建于乾隆年间，光绪时重建。知春亭建于小岛中央，

文昌阁　　　　　知春亭

重檐四角攒尖顶，有桥与岸边及西面小岛相连。知春亭畔点缀有山石，植有垂柳、桃树，是赏景的好地方。

辛亥革命后，结束了颐和园作为皇家园林的历史，但根据《优待清室条例》的规定，仍为废帝溥仪所有。1914年（民国三年），颐和园作为溥仪的私产售票开放。1924年（民国十三年），溥仪被逐出宫，民国政府清室善后委员会及军警机关，共同将颐和园内存放物品和殿宇房屋全部加封，园内员役概仍其旧。京畿司令王怀庆又将颐和园交还清室，仍由清室善后办事处设经理颐和园事务所管理。直至1928年（民国十七年），民国政府内政部将颐和园收管，7月1日正式改为公园。1933年（民国二十二年）3月至5月，颐和园管理事务所奉令将陈列馆之宋、元、明三代的瓷器、铜器、古玩、字画分三批装箱南运。

北平解放后，市人民政府和市园林部门即开始组织对颐和园的保护修缮工作。1949年4月，成立了颐和园管理处，恢复开放游览并开始了全面的保护修缮工作。

1950年，颐和园确定了以保护园内文物古迹为主的工作方针，陆续对佛香阁、排云殿等中心建筑群的消防设备进行了维护，并抢修了石栏及渗漏房屋。1951年，公园又利用市政府拨款对万寿山前山的敷华、撷秀二亭及转轮藏、画中游等古建筑进行了整修并恢复了游览。另外，还修整了石舫、十七孔桥头的八方亭，在后湖新建了益寿堂桥，重修了后溪河上的4座桥，并把园内房屋维修列为经常性工作。

1952年，颐和园被列为第一批全国重点文物保护单位，公园修缮工作也有了进展。为解决修缮费用不足的矛盾，除呼吁各大行政区赞助外，还将一部分不适于游览的封闭式院落交驻园单位代修。1952年至1953年，整修油饰了知春亭、东宫门牌楼、画中游、五方阁、仁寿门，重建了镜桥桥亭，并开始对山石进行整修。1954年起油饰全园的中心建筑佛香阁，整个工程用了近10个月的时间。到1954年底，颐和园前山的主要古建筑已基本整修一遍，园容面貌有了很大改观。

1955年至1959年间，陆续整修油饰了排云殿、德和园、听鹂馆、玉澜堂、迎旭楼、澄怀阁、文昌阁、湖光山色共一楼、荟亭、长廊等古建筑（群），重建了凤凰墩亭，疏浚了淤塞的西湖。长廊油饰工程于1958年10月动工，在油饰工程中，公园管理处专门组织技术人员到苏杭一带收集风光照片等资料，配备了技艺高超的画工，高质量地完成了整个油饰工程，再现了长廊昔日之盛貌。到1959年国庆10周年之际，万寿山山前的古建筑已全部油饰一遍，园容景观为之一新。

1959年至1965年间，虽然经历国民经济三年暂时困难，但用于公园古建筑维修的市政拨款仍继续增加。1959年冬至1960年春，市园林局组织各单位职工，利用业余时间，清挖了后湖和谐趣园的荷池，整修了道路，油饰了谐趣园。1961年后，又陆续在园内高大古建筑上安装了避雷装置，油饰了万寿山西部的湖山真意等4座古建筑。1964年至1965年，整修山石1.8万立方米，道路4000余平方米。为解决游人过于拥挤的问题，1965年又将宜芸馆正殿拆通，把文佳楼对面的3间房改作敞厅，并在听鹂馆内院建起了一座民族形式的餐厅，满足了游人的需要。

"文化大革命"前期，园内部分古建筑和文物受到了严重的人为破坏，园容面貌大失风采。"文化大革命"后期，公园职工开始对部分古建筑进行修缮，整修油饰了景福阁、西堤大桥、谐趣园等十余处古建筑群，完成了万寿山前山上下水工程。

1977年以后，颐和园恢复了对园容古建筑的大规模整修工作。1980年以前，主要完成了重新油饰画中游、长廊、德和园后院等十余组古建筑，整修霁清轩、妙觉寺等几组古建筑，修建地下电缆，安装全园路灯，新建环湖路，增建湖岸石，以及兴建园内餐厅等项工程。

1980年开始，用4年的时间重点修复了位于后山中轴线上的四大部洲建筑群。恢复修整了四大部洲、八个小部洲、日台、月台、喇嘛塔、佛殿等21座古建筑。整修完工后，香岩宗印之阁及周围建筑物，金碧辉煌，琉璃闪闪发光，分为红、绿、黑、白四色的喇嘛塔鲜艳夺目，塔顶上的铜铃，山风吹来与松涛共鸣，为后山增添了新的幽韵。

在重点修复后山中轴线建筑的同时，整修工作由中轴线向左右展开，先后整修了四大部洲建筑群两侧的云会寺、西配殿、善观寺东配楼及寺东门的多宝塔，并为这座八角琉璃塔配制了不同色彩、不同尺寸和形式的琉璃件。对善观寺、花承阁两组古建筑群中暂不能修复的部分古建筑，先清出基座，为日后重修奠定了基础。

前山地区部分古建筑的整修、改建，主要有：油饰东宫门牌楼、转轮藏、湖光山色共一楼，清挖宫门前月牙洞，增建栏杆，为五方阁歇山铜亭配制屋面铜瓦等。此外，为适应旅游业的需要，在介寿堂、清华轩、养云轩、无尽意轩、南湖和霁清轩等6座院落安装了水暖设备，辟为外宾旅馆，并整修了益寿堂、乐农轩。

按区划逐步完成了全园山路翻修工程，翻修工程量达1.5万平方米。完成了全园上下水工程，解决了多年用水难的问题。此外，还修建了3个变电室，完成了全园地下电缆工程，提高供电能力。

20世纪80年代，在古建筑修复工作中，贯彻科学保护与合理使用相结合的方针，丰富了公园活动。公园利用一部分外资修复了已经荒废多年的东八所群体院落，并将这组附属古建筑群辟为皇家园林宾馆，还重点进行了西堤玉带桥、东堤二龙闸和南堤凤凰墩、绣漪桥三片景区的建设。1984年对园内的德和园（俗称大戏台）进行整修油饰，在殿内陈设了慈禧和光绪的蜡像及有关文物，院内布置了仪仗，由身着清廷服装的服务人员讲解、导游。1984年9月10日正式开放。

1986年开始修复苏州街（又称买卖街）。在充分发掘历史资料、勘察现场遗址、广泛征求专家意见的基础上，本着"不增不减，不移不挪，不放不缩"的方针，共有建筑面积2870平方米，房屋232间，牌楼、牌坊19处，亭子4座，垂花门3间，各式行桥7架，廊子12间。1990年9月15日正式开放。

现在的颐和园，山色湖光浑然一体。苍松翠柏簇拥的佛香阁，更显得金碧辉煌，巍峨壮观。山间湖畔的楼、台、亭、轩缥缈若现，宛如仙境。珍花异草，争奇斗艳。蜿蜒的长廊，一万多幅人物、山水、花鸟画琳琅满目，形态各异。碧波粼粼的昆明湖上，轻舟

复建后的苏州街

荡漾。漫步在后山神秘的"部洲"间，松涛阵阵，铃声悦耳，令人心旷神怡。壮丽的颐和园景色吸引着千千万万的中外游人。

1991年开始复建景明楼；1996年，澹宁堂复建工程竣工；1998年至2000年，建成颐和园文昌院博物馆，2000年9月1日对外开放。1998年12月2日，颐和园被联合国教科文组织列入世界文化遗产名录。

1998年底，颐和园耕织图景区开始复建，复建后的耕织图景区，占地面积25公顷，核心景区4公顷，水面8公顷。颐和园耕织图景区始建于乾隆十五年（1750年），是清漪园时期以河湖、稻田、蚕桑等自然景观为主，具有浓郁江南水乡情趣的景区。它是中国古代重视农桑思想的园林式表现，主要有澄鲜堂、玉河斋、延赏斋、蚕神庙、水村居等建筑。咸丰十年（1860年），清漪园遭到英法联军的野蛮焚掠，仅存一块乾隆皇帝御笔钦题"耕织图"石碑；光绪十二年（1886年），慈禧在重修颐和园时，以办海军为名，在当年耕织图景区的废墟上兴建了昆明湖水操学堂。复建

修复后的乾隆时期的耕织图延赏斋

的耕织图景区，在保留历史遗留的水操学堂建筑的基础上，复建了延赏斋、蚕神庙等部分原清漪园时期耕织图的主体建筑。延赏斋东西两侧共有13间游廊，廊中依照当年陈设，展陈48块描绘农耕场面的仿制石碑；蚕神庙为三开间带抱厦的建筑。景区中尚有玉河斋、澄鲜堂等建筑。为尊重历史史实，颐和园还保留了部分水操学堂建筑，并对景区内的绿化与水系进行了合理调整，再现了历史景观原貌：桑柳夹岸，烟波浩渺；亭台楼榭，处处通幽。复建后的水操学堂内陈展了各种耕织文化和耕织图的史料，人们可以通过大量的历史实物和先进的展览手段来体味耕织图景区曾经的辉煌和百年来清朝由盛到衰的历史。

2010年，全园面积300.8公顷，其中水面213.30公顷。

耕织图里的石碑

圆明园

圆明园位于北京西郊挂甲屯。

圆明园址原为明代的一处私家园林,康熙四十八年(1709年)清圣祖赐给第四子胤禛。

胤禛依其"林皋清淑,波淀淳泓"的自然条件,因山泉水势,布置了一座取法自然,以水面为主体的园林,康熙帝亲题园额为圆明园。

康熙六十一年(1722年),清圣祖逝世,由胤禛继位,为清世宗皇帝。从即位的第二年(1724年),即制订对圆明园扩建的规划,雍正三年(1725年),扩建工程全面展开。扩建后的圆明园,面积达200公顷。

弘历在做皇太子时,曾赐居圆明园内长春仙馆,桃花坞是其读书的地方。清高宗即位后,在圆明园原有范围内,调整了景观,并增建建筑群,使园景更加丰富,经清高宗所标题的园景已达40处。

乾隆九年(1744年)之后,清高宗除对圆明园屡有增修外,又在圆明园的左近先后增建长春园、熙春园、绮春园和春熙院,统由管理圆明园事务的内务府大臣管辖。至乾隆后期,圆明园已成为五园贯联一体的宏大宫苑。嘉庆七年(1802年),将春熙院赐予庄静固伦公主,道光二年(1822年)又将熙春园赐予淳亲王绵恺。至此,圆明五园变成圆明三园。

圆明三园的总面积约350公顷,人工开凿的水面占全园的一半以上。园中大中小水面相结合,大的如福海,宽达600余米;

圆明园示意图

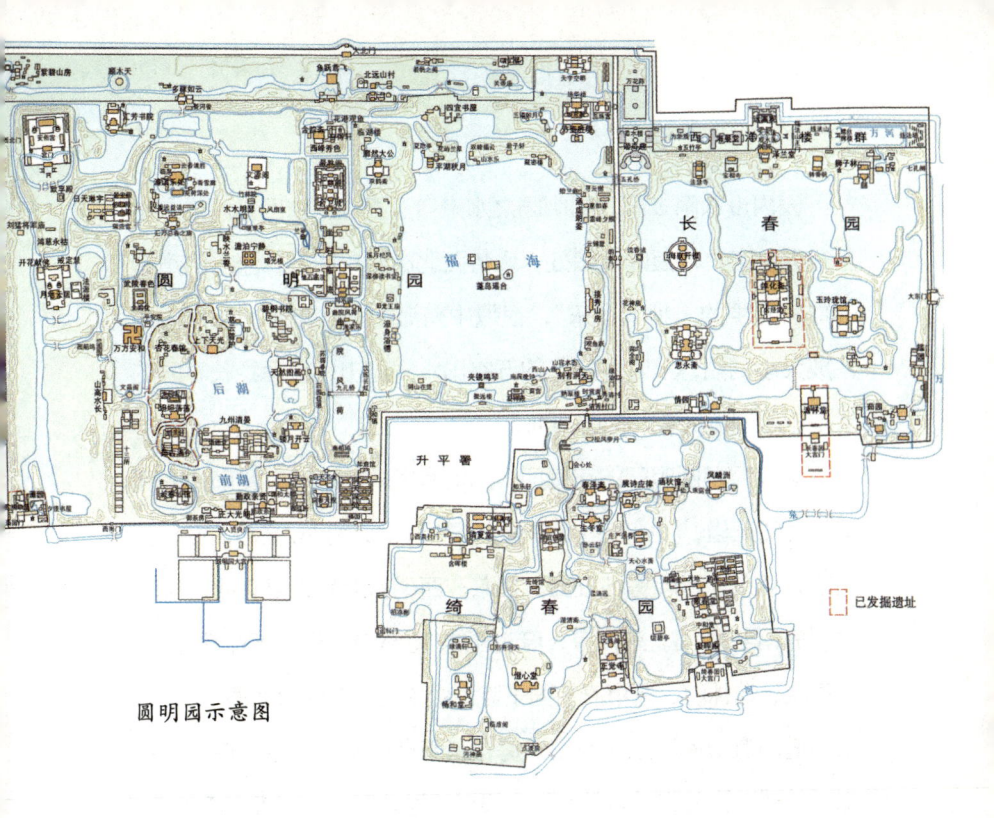

中等的如后湖，宽 200 米左右；其余众多的小型水面，宽也在 40～50 米左右。回环萦绕的河道，把大小水面联成一个完整的河湖水系。与河湖相结合，有叠石而成的假山，聚土而成的岗阜、岛、堤，散布园内各处，约占全园面积的三分之一。园中大小建筑群 120 余处，约 15 万多平方米。三园殿宇内部装饰堂皇、考究，还收藏有难以数计的古籍珍宝、文物字画和各种工艺品。

圆明园

圆明园有 18 座门。园南有大宫门、左门、右门、东夹道门、西夹道门、东如意门、西如意门、福园门、西南门、水闸门和藻园门。园东有东楼门、铁门、明春门、随墙门和蕊珠宫门。园西有随墙门。园正北有北楼门。

园内设水闸3座。圆明园之水来自玉泉山,由西马厂进水闸至日天琳宇、柳浪闻莺诸处,水势西北高而东南低,流水的声音形成宫廷中的一种"音乐",很似中南海中的水流音。流水入园汇成大小湖泊,经明春门北的五空出水闸流出,最后经长春园的七空出水闸流入东北面的清河。

大宫门是圆明园的正南门。门前有宽阔的广场,其南建有照壁。宫门五楹,门前有巨大的鎏金铜狮一对,前面为很大的月台。门前分立东、西朝房各五楹。在东、西朝房之后,复有曲尺形转角朝房,各27间。东为宗人府、内阁、吏部、礼部、兵部、都察院、理藩院、翰林院、詹事府、国子监、銮仪卫、东四旗各衙门值房,东夹道内有银库,东北有南书房,东南有档案房;西为户部、刑部、工部、钦天监、内务府、光禄寺、通政司、大理寺、鸿胪寺、太常寺、太仆寺、御书处、上驷院、武备院、西四旗各值房,西夹道西南为造办处,又南为药房。

出入贤良门在大宫门北,俗称二宫门,五楹。前绕"御河",河上建石桥三座。御河前有东、西朝房和转角朝房,为各部、院入值之所;西转角朝房西南有茶膳房、翻译房等,东南为清茶房、军机处。

正大光明殿在出入贤良门内,七楹,不雕不绘。屋后峭石壁立,玉笋嶙峋,前庭虚敞,四望墙外,林木阴湛,花时霏红叠紫,层映无际。正大光明殿为圆明园的正殿,据《养吉斋丛录》记载,清朝皇帝"圣诞旬寿受贺于太和殿,常年则于此殿行礼。新正曲宴宗藩、小宴廷臣,大考、考差、散馆、乡试复试,率在此殿"。

正大光明殿东西配殿各五楹，南为寿山殿，东为洞明堂。

勤政亲贤殿，简称勤政殿，在正大光明殿之东，五楹，为皇帝日常视朝之处。乾隆时日于此披省章奏，召对臣工。殿东为飞云轩，其北为四得堂，又北为秀木佳荫轩，转后为生秋庭。飞云轩之东为芳碧丛，其地多竹。芳碧丛北为保合太和殿，正殿三楹，秀石名葩，庭轩明敞，观阁相交，林径四达。保合太和殿后为富春楼，楼东为竹林清响。自芳碧丛以东，为十八间库，库东为吉祥所。

正大光明殿后有湖，称前湖。湖正北为圆明园中路，中央南向者曰圆明园殿，五楹。殿后为奉三无私楠木殿，七楹。又后为九州清晏殿，七楹。东为天地一家春，西为乐安和，又西为清晖阁，阁前为露香斋，左为茹古堂、松云楼，右为涵德书屋。道光年间，于九州清晏殿西偏建慎德堂为寝宫。

镂月开云旧名牡丹台。康熙六十一年（1722年），清世宗携弘历进谒清圣祖于牡丹台，乾隆九年（1744年）改称镂月开云，乾隆三十一年（1766年）题额纪恩堂。殿以香楠为材，覆二色瓦，焕若金碧。

天然图画在康熙年间旧名竹院子。庭前修篁万竿，与双桐相映，风枝露梢，绿满襟袖。楼北为朗吟阁，又北为竹筳楼。东为五福堂，五楹。堂后迤北有殿五楹，为竹深荷净。其东南为静知春事佳，又东渡河为苏堤春晓。

由五福堂渡河而北，山阜旋绕，内为碧桐书院，前宇三楹，正殿五楹，后照殿五楹。碧桐书院前接平桥，环以带水。庭左右修梧数本绿荫张盖，如置身清凉国土。

碧桐书院之西为慈云普护，前殿南临后湖，三楹，为欢喜佛场。其北楼宇三楹，题曰慈云普护，上奉观音大士，下祀关圣帝君，东偏为龙王殿，祀圆明园昭福龙王。

上下天光在后湖之北，慈云普护之西，上下各三楹。其前为清澈的水池，与天色相映，似天水相连，为中秋赏月的佳处。左右各有一座六角方亭，后为平安院。

杏花春馆在上下天光之西，南临后湖，旧为菜圃。宫门五楹，题曰䂥墅余清。后为春雨轩，大殿五楹，后抱厦三楹，其间连以游廊，东、西各十四间。东北为镜水斋，西为杏花村，西北室为仰斋，又西翠微堂。乾隆御制《杏花春馆》诗序云："由山亭逦迤而入，矮屋疏篱，东西参错。环植文杏，春深花发，烂然如霞。前辟小圃，杂莳蔬菽，识野田村落景象。"

清圆明园四十景图之杏花春馆

坦坦荡荡在杏花春馆之西，建于康熙年间，俗称金鱼池。前宇为素心斋，后宇为光风霁月。堂东北为知鱼亭，又东北为萃景斋，西北为双佳斋。坦坦荡荡之南为茹古涵今，五楹南向。其后方殿为韶景轩，四面各五楹。韶景轩前，东为茂育斋，西为竹香斋，又北为静通斋。

长春仙馆在茹古涵今之南，门三楹，正殿五楹。后殿为绿荫轩，正殿西廊后为丽景轩。长春仙馆为乾隆旧时赐居之处，其后每遇佳辰令节，迎奉皇太后为膳寝之所。

长春仙馆之西为含碧堂，五楹。堂后为林虚桂静，左为古香斋，其东为抑斋。林虚桂静东稍南为墨池云，后有殿为随安室。

藻园在圆明园西南隅，门内为林渊锦镜殿，五楹，原名旷然堂。前有院落，周以回廊，堂后为贮清书屋。殿东有池，池东为夕佳书屋。池北为镜澜榭，南为凝眺楼，再南为怀新馆。池西北为湛碧轩，西南为湛清华。

万方安和在杏花春馆之西，初名万字房，建宇池中，形式奇特，呈"一"字形，共三十三楹。南面正室额曰万方安和。东西内宇曰对溪山、佳气迎人，中宇曰四方宁静，西面曰观妙音、枕流漱石、洞天深处，东南曰安然、一炉香、碧溪一带、山水清音，北面曰涤尘心、神洲三岛、高山流水。

武陵春色旧时总名为桃花坞。雍正四年（1726年）弘历读书于此，额曰乐善堂，旋移居长春仙馆。武陵春色为轩三楹，曰壶中日月长，南临小池，东为天然佳妙。其南厦为洞天日月多佳景，西为小隐栖迟亭，亭西北为全璧堂。自堂后入山口，东为清秀亭，

清圆明园四十景图之武陵春色

西为清会亭，北为桃花坞。坞之西室为清水濯缨，又西稍北为桃源深处。东北为绾春轩，轩东北为品诗堂。乾隆时统称为武陵春色。《御制乐善堂记》云："予有书屋数间，清爽幽静，山水之趣，琴鹤之玩，时呈于前。菜圃数畦，桃花满林，堪以入目。"

山高水长楼在万方安和西南，西向九楹，后拥连岗，前带河流，中央地势平衍，凡数顷。此处地势平坦，全盛时期，每年元宵节都要在这里举行一次烟火大会，平时则是兵士比赛射箭的地方。《啸亭续录》记载，"乾隆初定制，于上元前后五日，观烟火于西苑西南门内之山高水长楼"。乾隆间，自正月十三日起，即奉皇太后至山高水长观烟火，至收灯止。

山高水长之北，度桥由山口入，梵刹一区为月地云居殿五楹，前殿方形，四面各五楹，后楼上下各七楹。月地云居之东为法源楼，又东为静室。

鸿慈永祜即安佑宫，在后湖的西北，月地云居之后。安佑宫前有琉璃坊三座，南面额曰鸿慈永祜。前后列有华表各一对，坊南及东西又有三坊环列，其南为月河桥。又东南为致孚殿，西向三楹。宫门五楹，南向为安佑门，门前有白玉石桥三座，左右井亭各一，朝房各五楹。门内重檐正殿九楹，为安佑宫。殿内中龛奉清圣祖遗像，左龛奉清世宗遗像，右龛奉清高宗遗像。左右配殿各五楹，碑亭各一，燎亭各一。

紫碧山房在鸿慈永祜后垣西北。宫门内，中路东正宇为紫碧山房，后为横云堂，再后为乐在人和。东路横云堂东南为纳翠轩，有游廊东北通岩洞中的石帆室。其东南为景晖楼，正南为丰乐轩，室北为坐霄汉，再西北为霁华楼。紫碧山房之西，为含余清，居池之东岸。其北稍西，于水中为澄素楼，再西北为引溪亭，与澄素楼遥遥相对，是为园的西部。

鸿慈永祜东垣外径连岗三重，度桥而东，为汇芳书院。内宇为抒藻轩，后为涵远斋，斋前西垣内为翠照楼，东垣内为倬云楼，又东为眉月轩。倬云楼南稍东为随安室，又东敞宇三楹为问津，逾溪桥数步有石坊，为断桥残雪。

汇芳书院之南为日天琳宇。有中前楼、中后楼，上下各七楹。

有西前楼、西后楼，上下各七楹，西前楼下正宇额曰日天琳宇。前后楼间穿堂各三楹，中前楼南有天桥，与楼相连。天桥东南有重檐八方灯亭，西前楼南为东转角楼，又西稍南为西转角楼，中前楼之东垣内八方亭为楞严坛，又东别院为瑞应宫，前为仁应殿，中为和感殿，后为晏安殿。日天琳宇的规制，皆仿雍和宫后佛楼式。中前楼上奉关帝，西前楼上奉玉皇大帝。此外凡楼宇上下皆供佛像及诸神位。瑞应宫诸殿皆祀龙神。

日天琳宇迤东稍南，稻田弥望，河水周环，中有"田"字式殿，凡四门，其东、北面皆有楼，北楼正宇为澹泊宁静，东为曙光楼。殿之东门外为翠抉楼，西门外别坦内宇为多稼轩，南向，七楹。其东临稻畦者，前为观稼轩，后为怡情悦目、稻香亭，又东稍北为溪山不尽、兰溪阭玉。多稼轩西池南为水精域，西偏为静香书屋、招鹤磴，池后东北为寸碧，西北为引胜，正北为互妙楼。

澹泊宁静度河桥而西为映水兰香，西向五楹。东南为钓鱼矶，北为印月池。池北为知耕织，又北稍东为濯鳞沼，映水兰香西南为贵织山堂，祀蚕神。

文源阁在舍卫城西面，隔湖相望。文源阁为上下各六楹，建于乾隆三十九年（1774年），是仿浙江范氏天一阁建造的，与清宫中文华殿后的文渊阁、避暑山庄中的文津阁，都是贮藏《四库全书》的地方。

水木明瑟西北，环池带河，为濂溪乐处，正殿九楹。后为云香清胜，东垣为芰荷深处。折而东北为香雪廊，其东有楼，为云霞舒卷。楼北有临泉亭。

濂溪乐处之南为汇万总春之庙，正殿为蕃育群芳，五楹。殿东北楼为香远益清，楼西为乐天和、味真书屋。又西为池水共心月同明，庙东沿山径出为普济桥。

濂溪乐处迤北对河外稻塍者为多稼如云，旧称莲花馆，正宇五楹，前宇为芰荷香。正宇东稍南为湛绿室。

鱼跃鸢飞在多稼如云东北，跨于池上，平面作方形，四面为门，各五楹。东厢为畅观轩，西南为辅翠环流，楼南有室为传妙，又南出山口为多子亭。曲水周遭，俨如萦带。两岸村舍鳞次，晨烟暮霭，蓊郁平林。

北远山村在鱼跃鸢飞之东，禾畴弥望，河南北岸为仿农居村市建筑。北岸石垣西偏为兰野，后为绘雨精舍，其西南为水村图。又西有楼，前后相属，前为皆春阁，后为稻凉楼，又西为涉趣楼，右为湛虚书屋。

多稼如云、鱼跃鸢飞、北远山村一区，为一派田家风光。

北远山村东北度石桥，折而西，为湛虚翠轩，又西为耕云堂，又西为若帆之阁。

西峰秀色在北远山村西南，西向临河，是仿杭州西峰秀色式样建造的，全盛时期七夕巧筵常设于此，有彩棚蛛盒之盛。正殿九楹，题曰慎修思永。后殿七楹，题曰知过堂。其后为花港观鱼。河西松峦峻峙，为小匡庐，后有龙王庙。西峰秀色之东为含韵斋，周植玉兰十余本，方春花香袭人。又东为一堂和气，又东南为自得轩。后垣东为岚镜舫。

安澜园在西峰秀色迤东北岸。正宇四宜书屋，五楹。东南为蕰经馆，又南为采芳洲，其后为飞睇亭，东北为绿帷舫。四宜书屋西南为无边风月之阁，又西南为涵秋堂，北为烟月清真楼。楼西稍南为远秀山房，楼北度曲桥为染霞楼。安澜园是仿海宁陈氏安澜园而建的。

方壶胜境在四宜书屋之东，建在福海以北的海湾里，有汉白玉石座，呈"山"字形，伸向水中。石座分三层，每层均有汉白玉石栏杆。楼宇为上下各五楹。南建二坊，其北楼宇为哕鸾殿，又北为琼华楼。哕鸾殿东为蕊珠宫，宫南船坞后有龙王庙。方壶胜境西北为三潭印月，又西北度桥为天宇空明，其后为澄景堂，堂东为青旷楼，西为华照楼。

澡身浴德在福海西南隅，即澄虚榭。正宇东向三楹，南为含清晖，北为涵妙识。折而西向为静香馆，又西为解愠书屋，西南为旷然阁。澡身浴德之北，度河桥为望瀛洲。其北为深柳读书堂，堂北为溪月松风。

平湖秋月在福海西北隅，正宇三楹。西为流水音，东北出山口临河为花屿兰皋。折而东南，度桥为两峰插云。又东南为山水乐，其北为君子轩、藏密楼。

福海为全园中心，也是全园最大的湖泊。福海中央有三座岛屿，中心岛上建有蓬岛瑶台殿七间，殿东为畅襟楼，西面为神洲三岛，东偏为随安室，西偏为日日平安报好音。由蓬岛瑶台东南度桥为东岛，岛上有亭，名瀛海仙山。向西北度桥，即为北岛。福海北部建有船坞。

接秀山房在福海东隅，正宇三楹，西向。后稍东为琴趣轩，其北方楼为寻云，东南为澄练楼，楼后为怡然书屋。寻云楼稍东佛室为安隐幢。接秀山房之南为揽翠亭。又南有敞宇，北依山，南临河，为别有洞天，五楹，旧称秀清村。西为纳翠楼，西南为水木清华之阁，阁西稍北为时赏斋。

别有洞天迤西为夹镜鸣琴，南为聚远楼，东为广育宫。前建坊座，后为凝祥殿。宫东为南屏晚钟，又东度桥为西山入画、山容水态。夹镜鸣琴之西为湖山在望、佳山水、洞里长春。

涵虚朗鉴在福海东，即雷峰夕照正宇。其北稍西为惠和春，又东北为寻云榭，又北为贻兰庭、会心不远，其南为临众芳、云锦墅、菊秀兰蕤、万景天全。

廓然大公在福海西北隅，舍卫城的东北，正宇七楹，名双鹤斋，故亦总名为双鹤斋。双鹤斋有前抱厦五间，后为左右游廊各十一间，接廓然大公七间殿，殿附抱厦三间，北临大池。殿东为临河画。再东稍北为绮吟堂，北为采芝径方亭，建于石壁之上，以爬山廊纡曲与绮吟堂相通。池北为峭茜居，西北有妙远轩，再北为启秀亭，其东为丹梯亭。北垣门内有天真可佳楼。廓然大公之西有规月桥，折而北至池西，为澹存斋。其北有平台，临池西北隅为芰荷深处，垣外为影山楼。双鹤斋西为环秀山房，西北为临湖楼。

坐石临流在水木明瑟东南，澹泊宁静之东，溪水周环，轩宇三楹，西向。

曲院风荷在前湖、后湖的东面，福海的西面，是仿杭州西湖的风景而建的。坐石临流东南当碧桐书院。正东为曲院风荷，五楹南向，其西佛楼为洛伽胜境。曲院风荷之南，跨池东西桥，九空,坊楔二,西为金鳌,东为玉蛛。金鳌坊西南河外室为四围佳丽,玉蛛坊东有亭为饮练长虹,又东南度桥,折而北,设城关,为宁和镇。其东南为东楼门。

同乐园在曲院风荷之北,前湖、后湖的东面,福海的西面,是仿杭州西湖风景建造的。同乐园是圆明园最大的娱乐场所。前后楼各五楹,南向。其前为清音阁,是同乐园内最大的戏台,台分三层,下设机轴,可以表演各种特技。戏台西面附有扮戏房五楹,北正有看戏殿五楹。东为永日堂,中有南北长街。街西为抱朴草堂。

舍卫城在同乐园西北,长方形,南北长,东西狭,以砖壁。城前树坊楔三,城南面为多宝阁,内为山门,正殿为寿国寿民,后为仁慈殿,又后为普福宫,城北为最胜阁。舍卫城有殿宇、游廊 326 间,与安佑宫、方壶胜境为圆明园中三处最大的建筑群。舍卫城是供佛像的地方,康熙以来凡进佛祝寿及给皇太后上寿时所送的佛像,均送至此地。据说这里所存佛像有数十万尊之多。

舍卫城前的南北长街,俗称买卖街。街上设有各种商号、店铺,陈列各种商品,还有卖技者、说书人,如同普通热闹的街市。街市各种人员,均由宫监们装扮。乾隆年间,每逢新年,皇帝御驾亲临,全朝文武官员随侍于后,步入商店购买货物,分赐后妃及随从人员。当年每岁入直此处的造办处笔帖式徐善庆,曾详述其景,记录在《竹叶亭杂记》中。买卖街开放时"凡古玩估衣以及茶馆饭肆,一切动用诸物悉备,外间所有者无不有之,虽至携小筐卖瓜子者亦备焉。开店者俱以内监为之。其古玩等器,由崇文门监督先期于外城各肆中采择交入,言明价值,具于册。卖去者给值，存者归物。各大臣至园，许竞相购买之。各值事官退出后，日将晡，内宫亦至其肆物焉。其执事等官，俱得集于酒馆饭肆哺啜，与在外等。馆肆中走堂者，俱挑取外城各肆中之声音响亮、口齿伶俐者充之。每俟驾过店门，则走堂者呼茶，店小二报账，掌柜者核算，众音杂遝，纷纷并起，以为新年游观之乐。至燕九日始辍"。

洞天深处在如意馆西稍南，前宇为诸皇子所居，名四所，东西二街，南北一街，前为福园门。四所之西为诸皇子肄业之所，前为前天垂貺，中为中天景物，东为斯文在兹，后为后天不老。

长春园

长春园占地面积约67公顷，相当于圆明三园总面积的五分之一。

长春园宫门五楹，东西朝房各五楹，正殿为澹怀堂，后为众乐亭，亭后河北敞宇为云容水态，其西稍南为长桥。云容水态西北循山径入，建琉璃坊楔三，其北宫门五楹，南向。内为含经堂七楹，后为淳化轩，又后为蕴真斋。含经堂东为霞翥楼、渊映斋，堂西为梵香楼、涵光室。淳化轩与蕴真斋是长春园中最大的一组建筑，有殿堂、游廊、值房、库房、茶膳房、长街，总计四百八十余间。清高宗《御制淳化轩记》云："淳化轩何以为而作也？以藏重刻淳化阁帖石而作也。"《养吉斋丛录》云："园有淳化轩，落成时，适重刻淳化阁帖，于左右廊各十二楹内，每一楹嵌六石，因以淳化名之。"

澹怀堂迤西滨河水石之间为蒨园，门西向，内为朗润斋三楹，其东为湛景楼，又东为菱香沜。朗润斋西有石立于园门内，为青莲朵。斋东南山池间为标胜亭，又东南为别有天，西北为韵天琴，南角门外别院为委宛藏。清高宗有蒨园八景诗，勒于标胜亭西壁，八景即朗润斋、湛景楼、菱香沜、青莲朵、别有天、韵天琴、标胜亭和委宛藏。青莲朵，此石原为南宋临安德寿宫中旧物，素有盛名，清高宗建园时从杭州将其运至京师，置于蒨园之中。

蒨园后河北岸为思永斋，七楹。斋北楼宇临池，为山色湖光共一楼。斋东别院为小有天园。小有天园仿杭州汪氏小有天园而建，面积不大，以人工叠山享有盛名，清高宗有《御制小有天园记》。

思永斋西稍南，河外为得全阁，南为宝云楼，北为远风楼。斋北河池潆汇，中有圆式崇基，其上楼宇三层，为海岳开襟，四旁置坊楔各一。海岳开襟之西河池外有亭为流香渚，亭北为罨画溪。流香渚之西循山径，即达圆明园之明春门。海岳开襟东北为谐奇趣，东为法慧寺，山门南向。内为四面延楼，后殿为光明性海，其西别院有琉璃方塔。法慧寺东为宝相寺，山门南向，内为澄光阁，后为昙霏阁，又后崇基上有大圆镜殿。由宝相寺度城关而东，迤南为翠交轩，轩下石室为熙春洞，北为爱山楼，又北为泽兰堂。爱山楼东北为平畴交远风，南为转湘帆。平畴交远风之东为丛芳榭，后为琴清斋。

丛芳榭之东为狮子林、虹桥、假山、纳景堂、清閟阁、藤架、磴道、占峰亭、清淑斋、小香幢、探真书屋、延景楼、云林石室、横碧轩、水门。狮子林位于长春园的东北隅，占地约1公顷，仿苏州狮子林构筑，并吸收了元代山水画家倪云林故乡山庄的一些景物建筑。

狮子林之南为玉玲珑馆，正宇为正谊明道，五楹，北为林光澹碧，东为鹤安斋，西南为蹈和堂。玉玲珑馆之南为昭旷亭，亭东南为映清斋，斋东为鉴园，敞宇五楹西向，北为漱琼斋，其东为师善堂。鉴园之后有船坞。鉴园"四面临水，楼台皆在镜中"。由鉴园北山径折而东为东宫门，楼宇上下各七楹，东向。南北朝房各三楹，其外为护河，有石桥。

鉴园西南为如园，门三楹西向，内为敦素堂，堂北稍东为冠霞阁，又东为明漪楼。如园为乾隆年间仿江宁藩司署中瞻园而建。

长春园北面为一特殊的欧式宫苑区，习称西洋楼，占地6.7公顷，包括六幢建筑物、三组大型喷泉、若干小喷泉以及园林小品，沿园北墙成带状展开。六幢建筑物，即谐奇趣、蓄水楼、养雀笼、方外观、海晏堂和远瀛观。谐奇趣楼高三层，南面从左右两侧曲廊伸出六角楼厅，南面弧形石阶前为喷泉及水池，北面双跑石阶

铜版画大水法

前亦有喷泉及水池。在谐奇趣西北建有两层蓄水楼，专供谐奇趣喷泉用水。海晏堂是为安装水法机械设备而建的，两层十一间，是园中最大的西洋楼。楼中间设门，门外平台左右对称布置弧形石阶，沿石阶可下达水池。水池两侧各排六只铜铸喷水动物，代表十二时辰，每隔一个时辰依次按时喷水，正午十二只铜喷水动物同时喷水。海晏堂东面是石龛式大水法，大水法正北为远瀛观。远瀛观一组建筑南北中轴线的最南端是观水法，为观赏喷泉的地方。由谐奇趣而北，花园门内为黄花阵，亦称万花阵，西方称为迷宫或迷园。

万春园

万春园位于圆明园前东南，长春园西南，同治以前称绮春园。

万春园大宫门在园的东南部，门前有影壁和东西朝房。进大宫门度桥为二宫门，正殿为凝晖殿，东西配殿各五楹。正殿后为中和堂，后面有集禧堂、天地一家春、蔚藻堂和其他院落。清代的皇太后和妃嫔的主要居处即在这座大岛上。大岛东南有双园相套的水面，西部水中有一圆形小岛，环水有岗阜和亭轩。大岛西南有较大的水面，中有方形石岛，上建鉴碧亭。水面西部为正觉寺，正觉寺大岛之北，中部为以桥相连的圆形双岛，名凤麟洲，仅船渡可达岛上。大岛西北有数洲并列，形状各异，岛洲之上各有一组或数组建筑，如涵秋馆、展诗应律、春泽斋、生冬室等。又西为四宜书屋，又西为西爽村的清夏堂等。万春园的西南隅为小南园，以澄心堂所在岛为中心，东北一岛环水，东部平冈回合，散有轩亭；南岸有点景房和河神庙，西部有二岛，南岛上为畅和堂，北岛上为绿满轩，西北角为含晖楼。含晖楼前横列葫芦形河，河中有葫芦形小岛，岛上有流杯亭。

万春园的风格，既不同于圆明园的富丽堂皇，亦不同于长春园的雄伟挺秀，比较秀丽，婉约多姿，水面和岗阜曲折有致。

圆明园，这座由清廷经营150年之久的"万园之园"，咸丰十年（1860年）竟遭英法联军的抢掠和焚毁。10月6日晚法军攻占圆明园，随后英军亦到达圆明园。英法侵略军对圆明园进行疯狂抢夺，又于10月17日清晨火烧圆明园。

据咸丰十年十月初四（1860年11月16日），总管内务府大臣《明善奏查得圆明园内外被抢被焚情形折》中云：圆明、长春、绮春三园内仅有蓬岛瑶台、慎修思永、双鹤斋等座及庙宇、亭座、宫门、值房等处，虽房座尚存，但殿内陈设、几案均被抢掠；宫门两侧罩子门及大北门、西北门、藻园门、西南门、福园门、绮春园宫门、值房等处，虽房座尚存，但殿内陈设、几案均被抢掠；宫门两侧罩子门及大北门、西北门、藻园门、西南门、福园门、绮春园宫门、运料门、长春园宫门等处虽未焚烧，而门扇多有不齐。其大宫门、大东门及大宫门外东西朝房、六部朝房、内果房、銮仪卫值房、内务府值班房、恩慕寺、恩佑寺、清溪书屋、阅武楼、木厂征租房、澄怀园内近光楼6间、值房8间、上驷院、武备院值房等处均被焚烧，档案房前后堂、汉档房等处被焚，满档房、样式房等尚存数间，亦被抢掠。库房6座，被抢4座，焚烧2座。清漪园内的大报恩延寿寺、"田"字殿、五百罗汉堂、惠山园内八景建筑群及后山苏州河两岸市井式建筑被焚烧。

同治十二年（1873年），时值慈禧40整寿，遂以奉养两宫太后为借口，由清穆宗特谕：择要兴修圆明园。同年十月初一日，绮春园改名为万春园，敷春堂易名天地一家春，悦心园易名和春园，清夏斋易名清夏堂，同道堂改名福受仁恩，基福堂易名思顺堂，天地一家春易名承恩堂，清夏堂西宫门改为南宫门。十月初五日，恭亲王筹备纹银两万两，为捐助圆明园工程之用。随即着手起运各处渣土。十二月十六日，安佑宫、正大光明殿、奉三无私中路、慎德堂、清夏堂、天地一家春等处共27座殿宇，择吉日安供正梁。同治十三年（1874年）正月十四日，按去岁呈准烫样各处应修殿宇房间约3000间。行文两广、两湖、川、闽、浙等省，各采办大林木3000件。以后在一个月内修齐双鹤斋殿宇、游廊，并拟修同乐园、恒春堂等戏台。

圆明园兴工期间，清穆宗五次至圆明园阅视工程，亲巡安佑宫、慎德堂、紫碧山房和清夏堂。圆明三园经粘修、揭瓦、补盖、添修基本成型之殿宇，约100座，600间。计有圆明园大宫门、出入贤良门、东西内朝房、转角朝房、勤政殿、圆明园殿、同顺堂、七间殿、春雨轩、碉壑余清、万方安和字亭、安佑宫宫门、东西朝房、紫碧山房、乐在人和、慎修思永、知过堂、课农轩、藏舟坞东南坞、双鹤斋、廓然大公、福园门门罩、西南门门楼、长春园海岳开襟、林渊锦镜；万春园大宫门、东门朝房、二宫门、内宫门、蔚藻堂、两卷殿、八角亭、清夏堂宫门和值房、茶膳房、西爽村门门楼和值房等。

同治十三年（1874年）九月,终因经费无法筹集而降旨停工。

光绪四年至光绪二十四年（1878—1898年）间，内务府奉懿旨对圆明园内九州清晏、奉三无私、福寿仁恩及长春园内殿宇不断进行粘补修理。光绪二十二年（1896年）二月廿六日奉懿旨：九州清晏、奉三无私、福寿仁恩殿、七间殿河泡东侧改为关防院；将天地一家春与承恩堂互易分位，在天地一家春东院改建后照房、腰房、南房各五间，宫门一座。同年二月初二，三月初二、十七日，九月初五、初七、十六日，慈禧五次、清德宗四次至圆明园，阅视慎德堂、安佑宫、紫碧山房、春雨轩、双鹤斋、黄花阵、狮子林等处，并在海岳开襟、万花阵、蔚藻堂、淳化轩进膳、赏食、观解马。

光绪二十六年（1900年），八国联军入侵北京，京城内外秩序大乱，驻守北京的八旗兵丁，不仅不予抵抗，反而勾结地痞流氓大肆洗劫西郊各园的陈设，将圆明园内的殿座亭榭和铜饰等全部拆下卖出，连砖瓦、石料也不肯放过。经同治、光绪两朝修复的少数建筑，亦荡然无存。至宣统末年，圆明园已麦垄相望，如同田野。

辛亥革命后，圆明园尚属皇室私产，园中残存建筑遗物陆续被盗拆或变卖，有的被移置他处。

中南海开辟新华门，门前石狮缺座，袁世凯准由圆明园挪移。中央公园初创，1915年2月至1927年，三次由圆明园运走太湖石一百五六十块，青云片石百车。陆军十三师自1919年9月至1922年9月拆毁藻园门至饽饽门（西北门）砖墙及园内山石，虽经溥仪内务府致函步军统领衙门查禁，但仍拉运砖石出售。

驻西苑边防军炮三营于 1919 年 12 月派军人 10 余名，大车 3 辆，直入圆明园拉运砖块。陆十六师于 1921 年 9 月至 1922 年 11 月，多次派大批车辆、人员，强行拆运䢼䢼门大墙、北大墙、舍卫城墙。军阀王怀庆自 1919 年修建私园——达园，历时数载，由圆明园拉走大批砖石；于 1921 年 9 月运走圆明园文源阁太湖石数十车，拉至西直门火车站。步军统领聂宪藩由中营副将派员拉走长春园太湖石 352 车。京师宪兵司令车庆云经聂统领应允拉走圆明园太湖石数车。京兆尹刘梦庚于 1922 年 9 月 19 日至 10 月 13 日，派大车 60 余辆，杠夫数十人，强行拉走长春园太湖石 623 车、绮春园云片石 104 车。西山天平沟教堂于 1923 年 5 月派人拆毁西大墙、偷运砖块。公府秘书长王兰亭于 1924 年 1 月拉走石料百余车。燕京大学建校，于 1922 年 12 月底拉运圆明园内石块，1925 年 2 月运走安佑宫华表 3 根。1922 年 11 月、1923 年 3 月有数十人昼夜偷拆北大墙、西大墙，6 月有数十人夜入长春园偷运太湖石。香山慈幼院 1927 年拟在成府街东建香山中学，低价购得绮春园新宫门一组幸存建筑，拆运木料砖石，砍伐树木，绮春园宫门区被夷为平地。贝勒载涛将圆明园大批石雕运往其赐园朗润园。

　　1928 年，北平特别市政府核准圆明园残废砖石变价批卖办法：大宫门外影壁，可招商投标承购；园内所有虎皮石可一律出售；西洋楼故址之大理石、青条石，凡雕花粗镂者，亦可出售。1929 年 3 月，将西洋楼前石门之左右石柱上节连顶，按山价（每方丈约 15 万元）卖给商人，以作绥远省修造阵亡将士碑用。1931 年

7月四次售给商人圆明园碎砖20车、城砖500块、豆渣石3方丈、青条石半方丈、云片石10车、太湖石2车。1930年，翻修海淀至玉泉山石渣公路，拆除圆明园南边虎皮石围墙，砸碎石块以补石渣之缺。1931年5月，翻修高梁桥至海淀石渣公路，拆除圆明园东墙，补足石渣不敷之数（400方丈）。同年8月，永大石厂为工务局代购圆明园墙砖3万块，供修筑御河桥暗沟。

1934年，颐和园奉行政院令将圆明园遗址交清华大学办农业试验场，移交清单明确该园古物只有南太湖石、石柱两项。并经双方协议，园内砖石，市政府有公共建筑必要时，得随时商明校方酌量提用。

1937年6月，颐和园事务所呈准北平特别市政府，将圆明园文源阁等处太湖石4座连同二宫门铜麒麟一只，运置颐和园仁寿殿前（运太湖石时，福园门门楼被拆毁）；用圆明园砖石，将颐和园玉澜堂至文昌阁灰路改成砖路；颐和园东宫门内外石斜坡改为石阶，移用了圆明园雕龙云路石。

1941年，日伪北京特别市公署决定保存圆明园园林建筑遗址，包括：长春园的谐奇趣及西北水池全部遗址、方外观全部遗址、海晏堂及后方水池全部遗址、远瀛观全部遗址；万春园的天地一家春东北方之桥遗址、流杯亭遗址、四宜书屋遗址；圆明园的正大光明殿遗址、安佑宫遗址、万方安和全部遗址、紫碧山房遗址、文源阁全部遗址、安澜园全部遗址。

中华人民共和国成立后，人民政府对保护圆明园遗址的工作十分重视。早在解放初期，周恩来总理就曾指出要保留圆明园用地，待以后有条件时加以恢复。1951年3月至4月间，市人民政府曾两次指令公园管理委员会，严肃查处砸运圆明园太湖石、墙石的事件，确保了遗址的完整。

从1956年起，为了更好地保护圆明园遗址，市园林部门在遗址内进行了植树绿化，共栽植侧柏、杨、柳等乔木65 300余株，绿化荒山18公顷。1959年底，市规划部门将圆明园遗址划定为公园用地（规划范围约为423公顷），为遗址保护工作的顺利开展奠定了基础。到1961年秋季，圆明园遗址内已栽种各种树木72万株，绿化面积达到87公顷。

20世纪60年代初，根据中央有关支援农业生产的指示精神，园林部门将圆明园遗址内征用后未绿化的200余亩旱地，暂借给当地生产队使用。以后，又将遗址内已征用并绿化的土地连同所植树木，全部移交海淀区管理，并由海淀区交由当地生产队管理使用。

"文化大革命"中，圆明园遗址受到了严重破坏。据不完全统计，仅1967年至1971年的4年间，就有106处古建筑基地被挖掘毁坏，24 000余株树木被砍伐，百余亩绿带被侵占，遗址内的部分土地也被一些单位占用。

1976年，圆明园管理处成立后，连续4年组织人力在遗址内进行了植树绿化，每年植树6000株以上，先后绿化了70余处小块荒山空场，改善了遗址的绿化状况。尤其是配合西洋楼遗址的清理和整理，重点调整了长春园北半部的绿化布局，种植了白皮松、油松和桧柏等大批常绿树。在大水法一带种了花灌木，铺了草坪，种了近千米的绿篱，提高了绿化美化效果。先后清理和整理了西洋楼的方外观、观水法、远瀛观、大水法和线法山等5处园林建筑基址，清挖清运废渣土3000多立方米，还将被运出圆明园长期弃置在朗润园湖滨的7块巨石（石屏、石鼎）吊运回原位。

1979年11月，由圆明园管理处举办的"圆明园园史展览"在西洋楼遗址展出。展览内容分为圆明园的"兴建及盛时情况""惨遭掠焚""遗址的现状""未来"4个部分，并展出了反映圆明园全貌的沙盘模型。

1979年8月，北京市人民政府正式将圆明园遗址列为市级重点文物保护单位。圆明园遗址公园于1988年6月29日正式开放。1991年至1992年，公园清理长春园西洋楼海晏堂、方外观、五竹亭、养雀笼、蓄水楼、谐奇趣6处遗址，复建绮春园内鉴碧亭。1993年至1995年，清理狮子林临水建筑基址，恢复有乾隆诗刻的水关及虹桥残遗3处，发掘清理林渊锦镜殿等遗址11处；整修长春园山形水系和海岳开襟、思永斋、流香渚等遗址。1996年至1997年，园内开辟"残雕沉思"景点向游人开放，整修铺装长春园环湖道路，修复听松、观荷、饮绿三亭，长春、翠鸟二桥。2000年，圆明园规划范围和功能区划分确定。园内建筑基址、地上可移动的石件达1238件。1999年12月6日至2000年12月29日，进行遗址区内615户居民和驻园单位搬迁及环境整治，清理拆迁遗存的正觉寺古建筑群并复建围墙。2000年至2003年，考古发掘圆明园含经堂遗址，出土60余件石雕文物。2004年，完成西部景区整治面积 60 公顷，长春园二宫门区人行道、长春园东门等处景点和环境改善。2010 年，公园以遗址保护为核心，分步实施、分批整治墙外区环境，按照西南、东南、东北三个片区建设主题公园、宫门广场综合服务区、停车场地等配套服务设施。

2010 年，全园面积 352.13 公顷，其中水面 102.2 公顷。

香山静宜园

香山位于北京西山东麓。

香山地处西山东坡的腹心之地，其背面的主峰海拔 557 米，左右层山逶迤伸出，环抱着主峰；其中冈峦起伏，涧壑交错。香山以东的平原上，玉泉山、万寿山呈一条东西轴线，彼此互为因借。香山四周群山环抱，树木葱茏，山中有水，水中有山，湖光山色，

香山

交相辉映，别具自然天成之趣。

香山从唐代开始便有了寺院之设。金大定二十六年（1186年），金世宗曾在此建大永安寺及行宫；金章宗更加喜爱香山，经常到此游猎，留下许多传说；明昌年间，又增建会景楼、祭星台等建筑，成为金章宗临幸之地。

著名的香山红叶以及古松，早在金代已为当时人们所吟咏。元好问在《中州集》中收录的周昂《香山》诗云："山林朝市两茫然，红叶黄花自一川。野水趁人如有约，长松阅世不知年。"从金代明昌年间盛传开来的燕京八景之一"西山积雪"，即泛指这一带西山。

元皇庆元年（1312年），元仁宗曾给钞万锭修缮永安寺，并一度更名甘露寺。

明代的香山，出现了许多寺观。据《篁墩集》记载，明时"西山古刹以数百计，香号最盛。层楼叠宇，翚飞岌立，于林峦之中，宛若图画"。正统年间，太监范宏费资七十余万扩建香山寺。成化年间，太监郑同（朝鲜人）重建洪光寺。郑同在看了朝鲜金刚山的"千佛绕毗卢之式"后，于洪光寺内营建圆殿，内供毗卢遮那佛，还有千佛各坐莲，面背相向，皆极式巧。

清代，是香山进行大规模兴建时期。

康熙十六年（1677年），清圣祖建立香山行宫，作为临幸驻跸之所。经清圣祖题额的景点有香山寺、洪光寺、来青轩、璎珞岩。乾隆八年（1743年），清高宗始游香山。乾隆十年（1745年）秋，清高宗又在旧有行宫的基础上，利用香山岩峦之怪特，林薄之华滋的自然条件，开始大规模地营造。清高宗在《静宜园记》中说："乾隆乙丑秋七月，始廓香山之郛，薙榛莽，剔瓦砾，即旧行宫之基，葺垣筑室。佛殿琳宫，参错相望。而峰头岭腹凡可以占山川之秀，供揽结之奇者，为亭、为轩、为庐、为广、为舫室、为蜗寮，自四柱以至数楹，添置若干区。越明年丙寅春三月而园成，非创也，盖因也。"此后，静宜园的营建工程仍陆续进行，直到乾隆四十五年（1780年）宗镜大昭之庙建成为止。

香山静宜园占地150多公顷。周围的宫墙顺山势而建。园内叠岭青铺，层林尽染，泉流澄碧，苔石凝苍，处处以翠取胜。乾隆十二年（1747年），更名静宜园，修筑宫墙顺山势蜿蜒5公里，将2400亩山林圈入园内，建有建筑群、风景区、小园林近80处，其中著名的御题28景，成为兼有天然特色的大型皇家园林。

静宜园园墙分内垣、外垣和别垣，园内建筑繁多，著名的有28景。

内垣20景

勤政殿位于东宫门内，是清高宗延见公卿百僚的地方。大殿五楹，依山为屏，南北各有配殿五楹。勤政殿前有月河，稍北为致远斋，是一座小四合院，西为听雪轩。

丽瞩楼位于勤政殿之西，是建在横秀馆后面一座牌坊里边的五间楼，其后为多云亭。丽瞩楼二层，"因山为基"，为园中眺远的好地方。清高宗在《丽瞩楼》诗中称此楼是"重基百尺耸，万象四邻通"。其南为日夕佳亭，北为清寄轩。

绿云舫位于丽瞩楼西南。清高宗在《绿云舫》诗序中说，静宜园园中之水，"皆涓涓细流，不任舟楫，因仿避暑山庄内云帆月舫为斋室，而以舫名之"。因为"是处绿荫稠""烟霞常荟蔚"，故取名绿云舫。

虚朗斋位于丽瞩楼稍南，"中为广宇回轩，曲廊洞房"众多的院落，有画禅室、学古堂、郁兰堂、贮芳楼等建筑。斋前石渠为曲水流觞，有藤花垂蔓覆于其上。其东、西、南、北四面各设宫门。

璎珞岩位于横云馆之东，带水屏山之西，为一大型人工叠成的石山，有泉水从石间流出。清高宗在《璎珞岩》诗序中形容此地是："叠石如屏，泉漫流其间，倾者如注，散者如滴，如连珠，如缀旒，泛洒如雨，飞溅如雹。萦委翠壁，潨潨众响，如奏水乐。"其上建有小亭，名曰清音。石称璎珞。

翠微亭位于璎珞岩稍南。这一带古木森列，入夏千章绿荫，禽声上下；秋冬木叶尽脱，寒柯萧槭，风景如画，因以得名。

青未了是翠微亭之东的又一座山亭。香山南山为宫门别嶂，群峰苍翠满目，阡陌村墟，极望无际；玉泉一山，蔚若点黛，故取杜甫《望岳》"岱宗（即泰山）夫如何？齐鲁青未了"句中的青未了，以名此亭。

驯鹿坡位于青未了亭之西，是放养入贡鹿群的山地。

蟾蜍峰位于驯鹿坡之西的山上，为一块形似蟾蜍的巨石，亦称蛤蟆石。蟾蜍张口鼓肚，昂首东望。

栖云楼位于蟾蜍峰之北稍东，香山寺西山半腰。清高宗称这里"右依层岩，左瞰远岫""堂密荟蔚，致颇幽秀"。

知乐濠是香山前石桥下的一泓塘池，为放生池。

香山寺也称甘露寺，建成于金大定二十六年（1186年），金世宗赐名大永安寺。从清高宗《香山寺》诗序可知，在金代这里便是一座"为殿五层，金碧辉映，自下望之，层级可数"的大型寺庙。西进山门，南北两侧有钟鼓楼，中间为戒坛。第二层正殿七楹，殿前有一座石屏。正殿后有厅堂，第三层称眼界宽，再后是六方楼，分上中下三层，各有清高宗御书匾额。最上层书"光明莲界"，中层书"无往法轮"，下层书"蒼蔔香林"。最后一层殿宇称山巅楼宇，上下二层，各六楹。乾隆十一年（1746年），更名香山寺。

听法松位于香山寺正殿门外。乾隆时，香山上多桧、柏，只有香山寺内有几株松树，尤其是正殿前的一株，最为奇古，清高宗称它是"百尺乔耸，侧立回向。自殿中视之，如偏袒阶下"。

来青轩位于香山寺内，系明代的一座山斋建筑，明神宗题有"来青轩"匾额。高宗以为这里"远眺绝旷，近挹山川之秀"，予以保留，并重书匾额。

唳霜皋位于香山寺稍北，为一座六角亭，当时附近饲养有一群海鹤，每当月夜霜天，戛然长鸣，声传天外，别有情趣。

香嵒室位于洪光寺寺内，清高宗御书"香嵒净域"匾额。

霞标磴为洪光寺前半山的一座三间敞宇。从山下到洪光寺前，盘道九曲，垒石为磴，俗称"十八盘"。清高宗《霞标磴》诗有"踏磴看霞起"句，因以得名。

玉乳泉位于芙蓉馆以西，是人工开凿的三座石潭，有山泉流注潭中，不溢不竭。

绚秋林位于玉乳泉西南。这里树木很多，有松、桧、柏、槐、榆、枫、银杏等，每当深秋霜老，丹、黄、绿、橙，色彩缤纷。"朝旭初射，夕阳返照，绮缬不足拟其丽，巧匠设色不能穷其工"。清高宗称这里的景色是"绚秋堪入画"。这一带"巨石森列"，分别刻有梦屏、翠云堆、留青、爽心陀、仙掌、罗汉影等题字，别具特色。

雨香馆位于绚秋林北，是赏雨的佳处。

外垣8景

晞阳阿是一处石窟，其东、北两面各有一座牌坊，后面为朝阳洞。

芙蓉坪一说即芙蓉馆，清高宗有"翘首眺青莲，堪以静六尘"的诗句，可能附近原是一处赏荷的好地方。

香雾窟位于"西山晴雪"碑前，为一处七楹静室，建于园中的最高处，其东、南、北三面各有坊座。

栖月崖位于"西山晴雪"碑之稍东，为一处三楹厅宇。

重翠崦位于栖月崖西北，也是一处三楹厅宇。这里"岚青树碧，烟浮翠重"，因以得名。

玉华岫是玉华寺正殿西南侧的一处厅宇。

森玉笏位于"西山晴雪"碑东南，为一块绝大的石壁，峭然耸立于路旁，缝隙间长满茂密的杂树。有人说，这块巨石很像臣子朝见天子时所用的笏板。清高宗题"森玉笏"三字镌刻于峭壁之上。

隔云钟是位于森玉笏东北的一座山亭，因在这里可以听见附近寺庙的钟声，故名隔云钟。

别垣

宗镜大昭之庙位于芙蓉馆东侧，是乾隆四十五年（1780年）为西藏班禅来京祝厘而建的，是一座藏式建筑。门前有一琉璃牌坊，门内有前殿、白台三层、正殿、红台四层。另在殿前建有碑亭和庙后八角七层琉璃塔。

正凝堂位于昭庙之北，是见心斋的一组主要建筑，堂后山石嶙峋，松柏苍翠。见心斋为一座具有江南情趣的小庭院，外有圆形围墙，当中有一碧水澄清的圆形水池，泉水由石龙口中喷入池中，沿池建有回廊。池西有三楹轩榭，额曰见心斋。东边为知鱼亭。

咸丰十年（1860年），英法联军入侵北京，在西郊焚掠。八月廿四日（10月8日）洗劫了香山静宜园，园内的文物、珍宝被掠夺一空。九月初六（10月19日）又放火焚烧香山静宜园，园内建筑几乎全被焚毁，仅存残破的正凝堂和位于山腰隐于林中未被侵略军发现的梯云山馆。

光绪二十六年（1900年），香山静宜园又一次遭到八国联军的洗劫。

清代末年，香山静宜园已是遍山瓦砾，破败不堪。

1912年（民国元年）冬，由喀喇沁王福晋向逊清室请以静宜园开办静宜女校。1917年（民国六年）夏，由救济联合会在香山静宜园内盖慈幼院。同年，熊希龄在原松坞云庄建"双清"私人别墅。1918年（民国七年），静宜园董事会为补充静宜女校经费之不足，制定了《静宜园借地建筑简章》，准许私人入园租地建造别墅，至1935年（民国二十四年），静宜园内私人房舍已发展到11家。残存名迹也多为他用。民国时期，园内古树名木屡遭盗伐，大部景区又被达官贵人、军阀巨商占为别墅，禁人游览。

1949年3月25日，毛泽东主席和刘少奇、朱德、周恩来、任弼时等到达香山静宜园，分别住在双清别墅及来青轩一带。毛泽东等中央领导人在香山指挥了全国解放战争，筹划了建国大计。

1956年2月27日和29日，北京市人民委员会两次召开会议决定，由各驻园单位与市园林局、西山风景区管理处、派出所各出一名代表，组成"香山开放筹备委员会"。

1956年4月2日，西山风景区管理处进驻香山静宜园。此时园内存有房屋1700多间，四处杂草丛生，垃圾成堆，树木病虫害严重。西山风景区管理处组织人力进行接管房屋、开辟道路、清除垃圾、杂草等项工作，并出资5000元由香山乡组织民工，开辟通往鬼见愁的道路。同年11月总参三部管理处将营房移交西山风景区管理处，同时西山风景区管理处还接管了昭庙、见心斋、眼镜湖等处房屋，并对园内的见心斋、芙蓉馆、半山亭、玉华山庄、梯云山馆、洪光寺、静宜园东宫门等处房屋进行了修缮。

1957年4月27日，北京市人民委员会联合办公会议决定：利用香山公园旧有房屋筹办香山饭店，由公园与饭店联合办公室共同筹备。经过整修，香山公园于1957年5月1日正式对外开放；香山饭店也于同年5月3日正式筹备，6月15日正式开业。

1958年5月9日香山管理处成立，当年挑顶翻修房屋103间，修建栖月山庄、眼镜湖；扩大修缮双清、森玉笏、香山北宫门上三处水系，共长1430米；玉华山庄南侧两处水池，由原来每小时半吨扩大到每小时12吨，扩大流水量24倍；修缮香山大墙200米。1959年修缮东宫门内南配房、栖月山庄、眼镜湖、游泳池、思源亭、涵洞，新建房屋186平方米，新建花卉冷洞10间。

1963年6月21日，卫生部致函西山风景区管理处，通报《关于香山疗养所修建问题的会议纪要》。为及早解决司局级以上干部的疗养问题，根据周恩来总理批示和卫生部报告精神，1964年9月28日经卫生部、中共北京市委、市园林局有关单位研究决定，北京医院将香山公园兄弟楼、蒙养园、昭庙、枫林村等处435间房屋改为司局长以上干部的疗养所，双方协议其产权归属香山公园，以上各处禁止游览。

1965年香山公园投资整修了碧云寺至香山的水系、香山公园内双清的水道和昭庙的琉璃塔。以后又整修了东宫门、多云亭、阆风亭、松林别墅、香山寺遗址、双清别墅、芙蓉馆、勤政殿遗址、雨香馆、玉华三院、半山亭、白松亭、见心斋、昭庙台阶、梯云山馆、栖月山庄，同时还进行了游览路线及静宜园园墙、引水、用电线路的维修等项工程。

为适应旅游事业发展的需要，1977年至1990年，先后整修了香山寺遗址、昭庙、枫林村、兄弟楼等处房屋，油饰了双清别墅、东门、北门、芙蓉馆的彩画，兴建了香山别墅，修缮栖月山庄、玉华山庄、璎珞岩、西山晴雪碑、朝阳洞景区，新建了重阳阁、松林餐厅，维修了山中景区的游览路面,补砌了园墙。治理了双清、

香山双清别墅

碧云寺两条水系,由美籍建筑师贝聿铭设计建造了一座现代化旅游宾馆——香山饭店。1980年至1982年,从北门内山下到香山最高峰鬼见愁,架起了1400米长的空中索道,便利了游人。

1984年,静宜园被列为北京市文物保护单位。

香山的风光,一年四季随着气候的变化而变换,景色万千。特别是每当霜秋到来,漫山遍岭的黄栌树,叶焕丹红,如火似锦,格外绚丽。1989年,香山公园又以"西山红叶"被评为北京新十六景之一。1991年9月,修复完成28景之一的翠微亭景区。1992年9月,完成香山寺遗址清理,复建"香云入座"四柱三楼冲天式牌楼1座,"永安寺"四柱三楼牌坊1座,山门殿前汉白玉旗杆座2座。1996年9月至1997年10月,复建完成欢喜园工程,1998年11月至1999年9月,整修完成碧云寺内罗汉堂。1999年3月至10月,复建28景之一玉华岫。2003年8月6日,投资 1000 余万元复建的勤政殿、香雾窟正式对游人开放。

2010 年，全园总面积 170 余公顷。

北　海

北海公园位于北京市中心，东为景山公园，南为中南海，西与国家图书馆老馆毗连，北与什刹海相接。

北海地区在历史上曾是永定河故道，后来发源于紫竹院一带的高梁河流经此地，遂形成一处河湖水系。

北海园林始于金代，大定六年（1166 年）开始营建太宁宫，大定十九年（1179 年）建成。太宁宫的园林布局沿袭中国古代皇家园林"一池三山"的规制，造园风格则吸收了北宋艮岳御苑的精华。琼华岛是宫苑的主要景区，岛顶建有广寒殿，岛上遍植松柏，还点缀大量太湖石。岛上的太湖石，原系北宋汴京（今河南开封）艮岳御苑中的旧物。世宗将这些太湖石运至中都，点缀在琼华岛上。为运石动用运粮漕船，"每石一准粮若干"，俗称"折粮石"。琼华岛南面另有一小岛（今团城），岛屿北有桥与琼华岛相通，岛东亦有桥通湖之东岸。

元至元四年（1267 年），元世祖以太宁宫琼华岛为中心建设大都。从此，琼华岛及其所在地的湖泊划入大都的皇城，成为皇城之内地处宫腋的皇家御苑。至元八年（1271 年）将琼华岛赐名万寿山，或称万岁山。万岁山所在的湖泊称为太液池。

万岁山是太液池中最大的一个岛屿，也是苑内的主要景区。

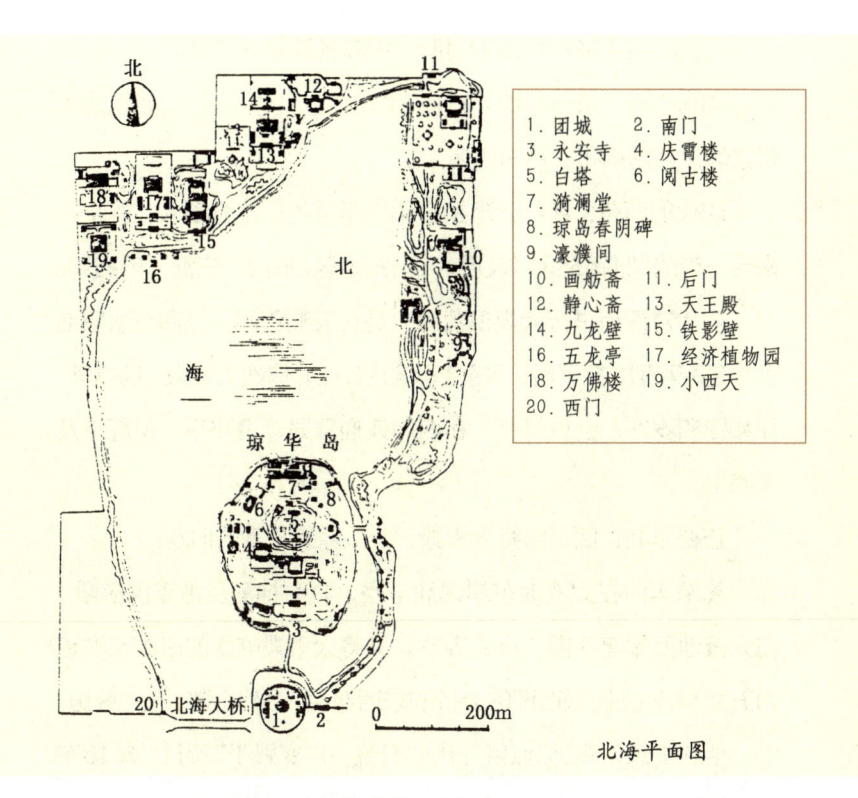

图例：
1. 团城　2. 南门
3. 永安寺　4. 庆霄楼
5. 白塔　6. 阅古楼
7. 漪澜堂
8. 琼岛春阴碑
9. 濠濮间
10. 画舫斋　11. 后门
12. 静心斋　13. 天王殿
14. 九龙壁　15. 铁影壁
16. 五龙亭　17. 经济植物园
18. 万佛楼　19. 小西天
20. 西门

北海平面图

山石玲珑，峰峦隐映，松桧隆郁，秀若天成。广寒殿在万岁山顶，广寒殿之东有金露亭，之西有玉虹亭。万岁山半山处有仁智殿，仁智殿西北有荷叶殿，荷叶殿后有方壶亭。广寒殿之西与方壶亭相对应有瀛洲亭，仁智殿西北又有温石浴室，仁智殿东面偏北有介福殿，仁智殿西北有延和殿。介福殿前有马㖿室，延和殿前有牧人室。荷叶殿稍西有胭粉亭，马㖿室前有庖室。

太液池中的其余二岛较小，一名圆坻，一名犀山台。圆坻居太液池之中，圆坻中央建仪天殿；犀山台在仪天殿南面水中，岛上植木芍药。

元代还在太液池东岸设灵囿，饲养各种珍禽异兽。

明永乐十八年（1420年）迁都北京。万岁山、太液池成为紫禁城之西的御苑，称为西苑。

明代的西苑，还将元隆福宫和兴圣宫的一部分划入，并扩拓南台一带的湖泊和西苑东、西、北沿湖地区，形成"三海"的格局。

明代对西苑进行大规模营建，是在天顺年间，先后在太液池东岸建凝和殿、拥翠殿、飞香亭及船屋；在北岸建太素殿、远趣轩、保和馆和岁寒、会景等亭；在西岸建迎翠殿、澄波亭、映辉亭及天鹅房。

正德年间，武宗重修太素殿，一改原来朴素的旧观。

嘉靖年间在太液池东岸建涌玉亭、金海神祠及雷霆洪应殿；在太液池西岸建飞霭、浮香等亭。又将太素殿临水的南半部改建为五龙亭；还在圆坻西面的大桥的东西两端，分建金鳌、玉蝀牌坊。

明代的琼华岛，仍保留元代的旧貌。广寒殿于万历七年（1579年）塌毁，此后一直没有修复。明代北海地区的主要变化，是对太液池北部沿岸的拓建，奠定了北海东岸和北岸部分景观的基础。

清代，西苑仍为皇城内苑。

顺治八年（1651年），清世祖首先在万岁山广寒殿旧址建藏式白塔，于琼华岛南坡建永安寺，琼华岛也因此改称白塔山。

康熙年间，北海沿岸的凝和殿、嘉乐殿、迎翠殿等处建筑均已坍毁。

清代对西苑的最大一次改建是在乾隆时期，而改建重点是在北海。当时皇城范围的居民逐渐增多，三海以西原属西苑的大片地段，被衙署、府邸和民宅所占用，仅保留沿岸一条狭长地带。加筑了宫墙后，西苑更加明确地划分为北海、中海、南海三个相对独立的苑林区。

西苑正门西苑门，位于紫禁城西华门的对面。金鳌玉𬬮桥之北为北海，桥之南为中海，瀛台以南为南海。金鳌玉𬬮桥于乾隆晚年经过改造，拆除了中间的木浮桥部分，将桥改成一座完整的九孔石桥。据乾隆四十七年（1782年）十二月廿二日档案记载："御河桥金鳌玉𬬮等项工程，原估式料银六千一百八十八两三钱八分五厘。"

嘉庆、道光、咸丰、同治诸朝，西苑除个别建筑的更易增损外，大体仍保持乾隆时期的格局。

北海

光绪初年，慈禧和清德宗在西苑的游幸增多。此时西苑自乾隆改建以来已历百年，大部建筑年久失修。光绪十二年(1886年)，慈禧在撤帘归政的前夕，动用筹办北洋海军的经费，大规模地修葺西苑。这是清代对西苑的最后一次修葺。据清代档案资料统计，光绪十一年至十六年（1885—1890年），三海工程共用银513.25万两。

光绪二十六年（1900年），八国联军入侵北京，西苑三海亦成了侵略军的进驻之地，西苑大量珍贵文物遭受劫掠。此后清廷再也无力对西苑进行修葺。

北海是清代西苑的主要苑林区，建筑景物依其地域分布，可分做团城、琼华岛、太液池东岸和北岸四个部分。

团城独立于承光左门的西面，其西南紧接金鳌玉蝀桥的东端。金、元时期这里是太液池中的一座小岛，元代称为瀛洲，也因其为圆形而称为圆坻，其上建有仪天殿。圆坻四面环水，东西两面有桥与池岸相通。明代对仪天殿进行重修，改称承光殿，俗称圆殿。并把小岛东边水面填为陆地，取代原来的木桥，同时在圆坻周围用砖包砌城墙，墙顶砌筑堞垛，遂形成一座独立圆形小城，即团城。团城高4.7米，周长1276米，占地面积4500平方米。城台东西两掖有门，东曰昭景门，西曰衍祥门。门各有楼，人们沿回旋式城砖磴道可达城台，磴道上出入口处有罩门亭。台上古木参天，清静幽雅。团城上的主要建筑有承光殿、古籁堂、余清斋、敬跻堂和玉瓮亭等。

承光殿位于团城的中央，元代为仪天殿，圆形，是团城的主

团城

体建筑。明代重修时仍保持圆形,更名承光殿。清代康熙初年,承光殿毁废。康熙二十九年(1690年)重修时,将圆殿改建成平面呈十字形的重檐歇山式建筑。乾隆年间又进行了全面的修缮,成为现在所见的形式。大殿坐北朝南,正方形。四周各有单檐卷棚式抱厦一间,形成富有变化的十字形平面,重檐歇山顶,上覆黄琉璃瓦绿剪边,屋顶飞檐翘首,与故宫角楼相似。殿内供奉一尊白玉佛,高1.6米,用整块白玉石雕琢而成,佛体镶嵌有宝石。玉佛洁白无瑕,光泽清润,是光绪二十四年(1898年)由僧人明宽从缅甸请入的,后进献给慈禧。光绪二十六年(1900年),八国联军入侵北京时,玉佛左臂被砍伤。承光殿的东侧有一株古松,称栝子松,相传为金、元时所植。附近还有一株白皮松和一株探海松,亦均为数百年的古树。据传乾隆曾赐封栝子松为遮荫侯,白皮松为白袍将军,探海松为探海侯。

玉瓮亭位于承光殿的南面,面阔及进深各一间,汉白玉石柱,拱形门,庑殿顶上覆蓝色琉璃瓦。亭内陈设一件大型玉瓮,又称渎山大玉海,高65厘米,直径1.5米,重3500公斤,用一整块黑色玉石雕成，周身浮雕云涛、鱼龙、海兽，体态宏巨，雕制精细，造型美观。渎山大玉海制成于元至元二年（1265年）十二月，放置在广寒殿中。后经元、明变乱，流落于西华门外的真武庙中。乾隆十年（1745年），玉瓮被发现，清高宗"命以千金易之，置承光殿中"。乾隆十四年（1749年），又专门修建了这座亭子放置玉瓮，并为玉瓮配制了汉白玉雕花石座（原石座现存法源寺）。清高宗亲自作玉瓮歌，刻于玉瓮之内。清高宗还命48位词臣各作诗一首，刻于玉瓮亭的石柱上。

敬跻堂位于承光殿的北面，为一组沿团城北缘环列的廊屋，平面呈半圆形，共十五间。古籁堂和余清斋位于承光殿与敬跻堂之间，左右对列，形制相同，面阔各五间，前后有廊，余清斋后面有抱厦一间。

承光殿前东西两侧各有一座庑殿，形制相同，均各面阔七间。庑殿背后居中，各有抱厦五间。

团城两侧有承光左门和承光右门，门内为永安桥。此桥中间部分原为浮桥，于船上铺以木板。乾隆三十年（1765年），改建成三券石桥。石桥南北长85米，东西宽7.6米。桥南北两端分置堆云、积翠木制牌坊，故永安桥又称堆云积翠桥。永安桥南接团城，北连琼华岛。

琼华岛在元代称为万岁山，亦称万寿山，明、清时期称琼华岛或万岁山。顺治八年（1651年），在山顶建造白塔，因此又有白塔山之称。琼华岛四面临水，南面和东面有桥与陆岸相通。岛中间为白塔山，山高32.78米，周长937米。全岛面积为4.5公顷。

白塔为一座藏式喇嘛塔，由塔基、塔身和塔顶三部分组成，高35.9米。塔身立于白石须弥座上，呈覆钵式，最大径14米，正面有壶门式眼光门，内刻藏文咒语。塔身上部有细长的相轮（又名十三天）和铜质华盖，最上为鎏金火焰宝珠塔刹，整个塔身有306个通风孔。塔内有一高九丈的通天柱，柱顶放一金盒，内装舍利。塔下藏井内有旱船、佛龛、供桌及喇嘛经文衣钵和法物等。塔前有万善殿，是一座琉璃建筑，供奉大威德金刚佛像。清代还利用此地居高临下的地势，放置信炮、驻扎亲兵，以防急变。

琼华岛以白塔为中心，南、西、北、东四面都布置有建筑景物。乾隆三十八年（1773年），曾撰有《白塔山四面记》，并刻石立于白塔山南面的引胜和涤霭二亭之中。

白塔山南面的主要建筑为永安寺，建于顺治八年（1651年），乾隆八年（1743年）和乾隆十六年（1751年），又陆续增建。永安寺坐北朝南，依山而建，是一组完整的喇嘛庙建筑。由永安桥北的堆云坊而北，拾级而上即至永安寺山门。山门内东西两侧，有钟楼和鼓楼各一间，北面正中为法轮殿。法轮殿后拾级而上，左右各一亭，东曰引胜，西曰涤霭。二亭建于乾隆三十九年（1774年），亭内各立一座石碑，引胜亭内石碑刻《白塔山总记》，涤霭亭内石碑刻《塔山四面记》。两碑碑文皆为乾隆御书，记述北海的历史和白塔山四面的景物。两亭之北为叠石假山和石洞，玲珑窈窕，刻峭崔嵬，各极其致，即所谓的金代由北宋汴京艮岳移来的太湖石。洞之上，左右有云依和意远二亭。平处为佛殿，前曰正觉，后曰普安。两厢各有殿，东曰圣果，西曰宗镜。又自永安寺墙之东缘山而升，路中有振芳亭，再升为慧日亭。稍西有两座高大石碑，东面一座碑文为顺治八年（1651年）的《建塔记》，西面一座碑文为雍正十一年（1733年）的《重修白塔记》。白塔山南面山腰偏西处，有悦心殿、庆霄楼，是皇帝偶临塔山办理政务、召见大臣和观赏风景的地方。庆霄楼在悦心殿的北面，每逢十二月初八，皇帝陪同皇太后登楼观赏冰嬉。殿东为静憩轩。转石屏入墙门，接普安殿。殿后蹑石磴层跻而升，为善因殿，殿后即白塔。

白塔山西面的主要建筑，有琳光三殿、蟠青室和阅古楼。由庆霄楼西折而下，有二道，其一，循楼而南，不数步，为一房山，因室内有堆砌的太湖石而得名。由房内南间石岩蟠旋而下为蟠青室，室皆回廊环抱。由悦心殿西角门出，山半有亭曰揖山。其下有石桥，南北各有一坊。过桥，又南北有坊各一。桥之北正中为琳光殿。其二，循楼转而北，有亭曰妙鬘云峰，历石磴而下，有殿曰水精域，再下为甘露殿，殿前即琳光殿。三殿建在陡峭的山坡上，层层高升，形势险要。相传琳光殿内曾供琳光古佛，甘露殿原有古铜甘露大佛一尊，水精域内有一口古井，乾隆时利用井水建山上水景。再转而北为阅古楼，楼为半圆形，二十五间左右环抱，上下两层。楼梯原为螺旋形，称蟠龙升天。楼内四壁嵌满《三希堂法帖》石刻，共495方，是中国现存最完整的古代书法集成石刻。《三希堂法帖》全称为《三希堂石渠宝笈法帖》，共三十二卷，原藏故宫养心殿中的三希堂。乾隆十二年（1747年），命梁诗正等人，请上等刻工，将其摹勒上石，并专门在北海塔山西麓建阅古楼加以保存。这部《法帖》共收集了魏、晋以来到明末134人的340件作品,另有题跋210多件,约9万字,是中国群帖书法艺术的荟萃。阅古楼后有座八角形小石亭,名烟云尽态,稍北有庼鉴室。

白塔山的北面,山势陡峭,其间既有曲廊、画阁、庭院,又有崖洞、石室,其建筑别具风格。由阅古楼转而东有邀山亭,又东北有酣古堂,三楹,倚石为洞。循洞而东,为写妙石室,室之东间为楼,缘梯而降,复为石洞。循石洞东行数百步,再穿石洞而出,有小厂三间,曰盘岚精舍。再转而北为环碧楼,由楼绕廊而下为嵌岩室。再折而西,山上有亭,曰一壶天地。又西有房,为折扇形,曰延南薰。自房而西,有亭曰小昆邱。亭西有平台石柱,为铜仙承露台。台周绕石栏,中间竖一蟠龙石柱,柱端立一铜人,面北、双手托盘,名仙人承露盘,为乾隆时仿汉武帝的故事建造的。乾隆立此并不是为了承露,"不过是缀景之物"而已。又西为得性楼,楼下为延佳精舍,稍北为抱冲室。楼左右翼以山廊,历磴而下,为邻山书屋,与庼鉴室之北墙相通。白塔山北面山下,傍水有环岛而建的半圆形建筑,东起倚晴楼,西至分凉阁,延楼游廊长六十楹,左右环绕。楼为上下两层,外绕三百余米长的白石栏杆。延楼上层,东为碧照楼,西为远帆阁;里面,东为漪澜堂,西为道宁斋。该组建筑建于乾隆三十六年(1771年),是仿金山江天寺建造的。站在游廊隔湖北眺,可望见对面的五龙亭、小西天、天王殿等景物。

白塔山的东面,古树参天,山路弯转,含香吐秀。智珠殿高踞半月城上,半月城又称般若香台,是一座半圆形的砖城,亦称小团城。智珠殿建于乾隆十六年（1751年），同时建成的还有城脚下的四柱三楼牌坊。智珠殿后缘山径折而北，为交翠庭。交翠庭北，顺廊环绕而下，为看画廊。下有石室，中涵岩洞，内供大士像。庭之下，廊之侧，攀援石洞而出为古遗堂，堂三楹，北向。与古遗堂相对，为峦影亭。古遗堂下，为见春亭。由看画廊折而东，至山麓，有乾隆十六年(1751年)所立"琼岛春阴"碑。碑的另三面刻乾隆御诗。碑的四周，砌白玉石栏。琼岛春阴碑的东面，有一座石桥，名陟山桥。过桥即北海太液池的东岸。

琼岛春阴碑

北海太液池东岸，主要建筑有濠濮间、画舫斋和蚕坛等。东岸沿湖，明代建有藏舟浦，清代在其旧址建起高大的船坞。船坞之东即是濠濮间和画舫斋。

濠濮间建于乾隆二十二年（1757年），其名源于康熙为热河避暑山庄36景之一所题的濠濮间想。濠濮间为一座三面临水的水榭，水上有座九曲雕栏石平桥，桥北端有一仿木构石坊，桥南端与水轩相连。水轩面阔三间，周绕回廊。濠濮间南面曲廊向上延伸至山顶，廊东有崇椒室，山顶有云岫厂。

画舫斋位于濠濮间北，为一组幽雅别致的建筑，亦建于乾隆二十二年（1757年）。院内有水殿回廊，结构精巧。南面为春雨林塘殿，北面为画舫斋（正殿），东为镜香室，西为观妙室，中间有用条石垒砌的方池。画舫斋东侧有古柯庭，西侧有小玲珑。画舫斋和小玲珑，均建在水上，有曲廊相接。古柯庭前有一株古槐，俗称唐槐，约有千余年的历史。其后为奥旷，左面为得性轩，有曲廊回绕。轩廊间有小厦，题名绿意廊。古柯庭院内筑堆石假山。

蚕坛又称先蚕坛，位于画舫斋之北，建于乾隆七年（1742年），是后妃们亲蚕的地方，祭祀蚕神之所。蚕坛为一碧瓦红墙大院，东北面为亲蚕台，西北面有桑园，正北为亲蚕门，门内即亲蚕殿。亲蚕殿广五楹，东西配殿各三楹。亲蚕殿后为浴蚕池，池北为后殿。东面有一条用方条石砌成的小河，贯通南北，名浴蚕河。蚕坛东另有一座小院，内有先坛殿、打牲亭、井亭、神厨、蚕署等建筑。在浴蚕河东面还有一排27间房舍，是蚕妇工作的地方。蚕坛的主要殿宇全部为绿琉璃砖瓦，构造精美，色彩艳丽。

北海太液池北岸建筑较多，自东而西有镜清斋、天王殿、九龙壁、澄观堂、阐福寺、五龙亭、小西天、万佛楼等。

镜清斋建于乾隆二十一年（1756年）至二十四年（1759年），当时曾名乾隆小花园。镜清斋是一座自成格局的庭院，面积470平方米。院内以叠石假山为主景，周围配以各种建筑，幽雅而宁静。清末，慈禧在光绪十一年（1885年）挪用海军经费，对镜清斋进行了大规模修建，在园内西北角增建叠翠楼，并由中海西岸时应宫瀛秀门外至北海北岸铺设铁轨，在镜清斋前修筑了一座小火车站。火车是由李鸿章替慈禧从德国购入的。光绪十四年（1888年）正式通车，慈禧每年夏季乘火车至镜清斋避暑。光绪二十六年（1900年），八国联军侵占北京时，小火车和铁轨被捣毁，火车站亦被拆掉，镜清斋内的珍宝、古玩亦同时遭到抢掠和破坏。光绪二十八年（1902年），慈禧对镜清斋再度进行修葺。镜清斋是全园的主体建筑，前后临水，取"明池构屋如临镜"之意，名镜清斋。其北为横架水面的沁泉廊，位于全园的中心。廊下有滚水坝，曾是帝后消暑纳凉的地方。廊东有座精美的汉白玉石券拱桥，俗称小玉带桥。桥南是一座幽静的小院，院中有水池，北为抱素书屋，东为韵琴斋。镜清斋北部为规模宏阔的石山造景，石山堆叠巧妙，形态各异，山峰之上有枕峦亭。院内还有罨画轩及画峰室两组建筑，都是用以观赏景物的。镜清斋西北角有叠翠楼，五楹两层，是全园的最高建筑，建于光绪十一年（1885年），登楼不仅可以环视镜清斋全园景物，还可以远眺太液秋风、琼岛春阴和景山的景色。

天王殿是一座规模较大的寺庙建筑，始建于明代，原为大西天经厂，称大西天禅林，当年在经厂翻译和印刷大藏经。清初殿宇荒芜，乾隆二十四年（1759年）又进行扩建，改称大西天梵境。天王殿前有一座琉璃牌坊，南临太液池，南向榜曰华藏界，北向榜曰须弥春，坊北山门榜曰西天梵境。山门内左右竖石雕经幢，左刻金刚经，右刻药师经。中院正殿为大慈真如宝殿，明代建筑，楠木结构。乾隆时在后院增建八角形佛塔，称七佛塔，还有塔亭。

塔亭北建两层琉璃阁，亦称大琉璃宝殿，榜曰华严清界。在琉璃壁上满嵌五色琉璃砖，每块砖上都模印有佛像，因此又称万佛殿。

九龙壁为一座仿木构彩色琉璃建筑，是乾隆时仿照山西大同明王府前的九龙壁而建的。九龙壁后原有大圆镜智宝殿，殿前有真谛门，九龙壁为真谛门前的一座照壁。大圆镜智宝殿是明代大西天经厂主庙的一部分。九龙壁高5米，厚1.2米，长27米，用黄、白、紫、绿、赭、蓝彩色琉璃砖瓦镶砌而成。两面各有蟠龙九条，飞腾戏珠于波涛骇浪之中，姿态各异。壁东端嵌山石、海水、流云、日出等图案，壁西端嵌海水、流云、明月图案。

澄观堂在九龙壁的西北，为一处三重大殿。此处原为明代太素殿东西值房，乾隆七年（1742年），把太素殿北面的行宫改为先蚕茧馆，乾隆十一年（1746年），改茧馆为阐福寺。乾隆四十四年（1779年），又在澄观堂后院增建快雪堂，并把《快雪堂法书》石刻嵌在东西廊的墙壁上。三重大殿依次是澄观堂、浴兰轩、快雪堂。

阐福寺在五龙亭的北面，乾隆十一年（1746年），仿河北正定金代隆兴寺而建，殿内供一尊金丝楠木千手千眼佛。光绪二十六年（1900年），八国联军将大佛捣毁，抢走佛身上镶嵌的无数珍宝。

五龙亭始建于明嘉靖二十二年（1543年），清代曾多次重修。顺治八年（1651年），又在原有基础上进行了改建。五龙亭曲折排列于太液池北岸，宛如一条水中游龙。五亭中以中间的一座为最大，上圆下方，名龙泽亭，其顶部为双重檐，亭的四周台基前后均有长方形月台。东面的两座,一名滋香亭,一名浮翠亭;西面的两座,一名涌瑞亭,一名澄祥亭。四亭皆为方形。五亭均建于水中,有桥与陆地相通,五亭之间亦有石桥相连。

小西天本名观音殿,建于乾隆三十五年(1770年),位于五龙亭的西侧,是北海中一座大型建筑。殿为方形,总面积达1200平方米。殿内有一座泥塑大山,象征南海的普陀山,塑有南海观世音及八百罗汉像,山下四周彩绘江水。方殿四周环水,有桥可通。四面各有一座琉璃牌坊,四角有方亭。

万佛楼位于阐福寺西面,高三层,楼内墙壁布满大小佛洞10 000个,每个洞内供一尊金质无量寿佛,因称万佛楼。万佛楼是乾隆三十六年(1771年),清高宗为庆贺其母八十寿辰而建的,其中的万尊金佛除清高宗拨出大量黄金铸造外,其余是由皇帝命文武大臣敬献的。金佛中最大者重888两8钱,小者重58两,取八为纪念其母八十寿辰之意。光绪二十六年(1900年),八国联军入侵北京时,万佛楼的万尊金佛被洗劫一空。万佛楼院内有一座二层的宝积楼,其西北为妙香亭,亭中有八角形须弥座,上为十六面石构佛塔,刻有唐贯休绘十六应真像和乾隆撰《十六应真像赞》。

辛亥革命后,1913年(民国二年),西苑三海由中华民国政府接管,从此结束了皇家御苑的历史。

北海在辟为公园之前,苑内虽设有管理苑内事务的办事处,但其管理十分有限。静心斋、画舫斋相继被袁世凯政府官员占用,团城先后为"政治会议"会址及财政整理委员会的办公地点。为纪念讨袁护国运动将领蔡锷（字松坡），在梁启超倡议下，1923年（民国十二年），将北岸澄观堂辟为"松坡图书馆"。在此期间，有许多著名人物，如孙中山、黄兴、梁启超、徐世昌、曹锟、胡适、熊希龄及印度诗人泰戈尔等来北海活动。

1925年（民国十四年）6月13日，北海由公园筹办处接收，8月1日开始售票开放。1938年（民国二十七年）7月23日，团城由公园事务管理所接收，10月1日亦开始售票开放。

1949年1月31日，北平和平解放。2月1日，北海公园重新对社会开放。公园开放之初，园内团城、澄观堂、静心斋和蚕坛，分别为文化部、北京图书馆、中央文史馆及北海幼儿园占用，未能向游人开放。

1950年，北京市政府组织人力清挖了北海，在园内砌筑了护岸，铺设了环湖路，种植了大量树木花卉。以后，又对北海及团城的各类古建筑进行了普查，并在此基础上安排了修缮工作。1956年改建北海大桥时，其中一个改建方案需拆掉团城的南半部。为保护这一古迹，在周恩来总理的关怀和支持下，审定了大桥向南拓宽的方案，妥善地保存了团城，加宽了桥面，拆除了妨碍交通的金鳌、玉蝀牌楼。

自1950年至1959年，先后整修了五龙亭、天王殿、大慈真如宝殿、琼岛北侧长廊、远帆阁、碧照楼、漪澜堂、道宁斋、引胜亭、涤霭亭、慧日亭等古建筑。此外，还在全园安装了自来水管网，设置了饮水器，更新了照明设备，改建了园内公厕，增设了儿童活动设施及商业饮食点，并陆续开辟了一些展览室、阅览室、游艺室，使公园具备了较好的游览和休憩条件。1961年北海公园被国务院公布为第一批全国重点文物保护单位。

从1964年开始，又陆续对白塔、善因殿、阅古楼以及琼岛西麓的琳光殿、甘露殿、水精域和北麓的见春亭、一壶天地（亭）等古建筑进行了修缮，对小西天观音殿中的西花台梁下垂再次做了加固。1965年，根据市人民委员会第二次行政会议的决定，拆除了有倒塌危险的万佛楼（底层部分于1975年拆除）。此外，还改造了普安殿和永安寺。

"文化大革命"初期，北海公园内的部分古建筑、文物受到了人为的破坏。

1971年至1977年，北海公园及团城停止对外开放。公园利用闭园期间，进行了大规模的修缮，主要翻建和修缮的建筑有：永安寺内的法轮殿及钟鼓楼，正觉殿、普安殿及东西配房，静憩轩和倚晴楼至分凉阁的长廊，远帆阁、碧照楼、漪澜堂和道宁斋，东岸的濠濮间、船坞、画舫斋，北岸的碧鲜亭、九龙壁，以及团城的全面修缮等。并以阐福寺为主辟建园林经济植物园。

1976年7月，唐山地震波及北京。园内一些古建筑遭到不同程度的损坏，白塔相轮酥散，宝顶上的铜铸鎏金火焰宝珠被甩落到北面塔肩上；塔前善因殿墙身多处裂缝；普安殿院内古建筑山墙大部震塌；烟云尽态石亭和濠濮间石牌坊都拔了榫或断了榫；东岸园墙倒塌了300多米；阐福寺东西配殿山墙的山花部分和琉璃正脊被震倒。国家拨专款对震后有损的古建筑进行维修。到1978年3月北海公园恢复对外开放前，园内被震损的古建筑已全部修缮完好。

20世纪80年代,又陆续整修和修复了静心斋、小西天等古建筑和古建筑群,使公园园容更显古雅。

2015年,北海公园面积68.20公顷,其中水面39公顷。

景　山

景山位于北京城的中轴线上。

元代,至元四年(1267年)建大都时,将今景山圈入皇城之内。据元《析津志》载:"厚载门乃禁中之苑囿也。内有水碾,引水自玄武池,灌溉种花木,自有熟地八顷,内有小殿五所。上曾执耒耜以耕,拟于耤田也。"又据《元大都宫殿图考》记载:"厚载门为御苑……考其地望,当在今景山西部及大高玄殿北至地安门一带,以垣三重及熟地八顷推之,面积颇广。所谓玄武池,盖即今北海也。"

明代,永乐十八年(1420年),在元大都的基础上完成建都

景山

工程。在建城过程中，将拆除旧皇宫的渣土和挖掘新紫禁城筒子河的泥土，压在元代所建延春阁的旧基上，形成一座土山，取名"万岁山"，又称"镇山"，是取镇压"前朝王气"之意。从此，该地区成为皇宫北面的御苑。崇祯七年（1634年）九月，丈量山高为十四丈七尺（45.7米）。

明代，在山坡上种植松柏，山坡下种植果树，故又称"百果园"，并饲养成群鹤鹿。明神宗每逢重阳节，携后妃及内臣登山宴饮。

据《明宫史》记载："北中门之南曰寿皇殿，左曰毓秀馆，右曰育芳亭，后曰万福阁。其上曰臻福堂，曰永禧阁，其下曰聚仙室，曰延宁阁，曰北果园。""（寿皇）殿之东曰永寿殿，曰观花殿，植牡丹、芍药甚多，曰集芳亭，曰会景亭，曰玩春楼。其下曰寿安室，曰观德殿，亦射箭处也。与御马监西门相对，乃寿皇殿之东门，万历中始开者。殿之南则万岁山，俗所谓'煤山'也。……山上树木葱郁，鹤鹿成群，呦呦之鸣，与在阴之和，互相响答，可并闻于霄汉。山之上，土成磴道，每重阳日，圣驾在山顶升座，可遥望靡涯矣。"

园内原有毓秀亭、寿春亭、集芳亭、长春亭、会景亭，均为万历年间所建。但亭的排列及建式未见记载。其所记殿亭楼阁均已无存，后有用原名的，亦非原地原式。

崇祯十七年（1644年），李自成率农民起义军攻克京城，崇祯出玄武门登万岁山，自缢于山东侧一株槐树上。清王朝为笼络人心，将此槐定为"罪槐"，并用铁链锁起，规定文武官员经此必须下轿下马步行。铁链于光绪二十六年（1900年），被八国联军劫去。1930年（民国十九年），曾在此立石碑一通，为"明思宗殉国处"，碑文内容否定农民起义，颂扬崇祯皇帝。1955年8月，根据北京市副市长吴晗的批示，将碑拆除，换为木质说明牌（原碑现存景山公园内）。"文化大革命"期间，此槐树被剥皮致死，现今的槐树是1981年春季补栽的。（关于崇祯自缢处，史书中有不同记载。《明史·帝纪》载："帝崩于万岁山，王承恩从死。"《明史·王承恩传》载："帝崩于寿皇亭，承恩即自缢其下。"《明季北略》载："上登万岁山之寿皇亭……遂自缢于亭之海棠树下。"《甲申传信录》载："上易袍服，与承恩走万岁山，至巾帽局自缢。"）

清代，万岁山仍为皇家禁苑。顺治十二年（1655年）六月初四，万岁山改名为景山。康熙二十四年（1685年），在景山设立官学，作为上三旗子弟学习场所。

乾隆年间对景山进行大规模的改建。乾隆十四年（1749年），移建原在景山东北部的寿皇殿于现址，仿太庙规制扩建。乾隆十六年（1751年），在景山五峰顶上各建一亭。中峰亭名万春。左名观妙，又左名周赏；右名辑芳，又右名富览。亭内分别供有一尊铜佛。光绪二十六年（1900年），八国联军入侵北京，驻军景山，园内古建筑遭破坏，许多文物被劫走，山上五亭内的铜佛，除万春亭的毗卢遮那佛外，其他四尊均被劫走。

清代多朝帝后死后的梓宫，均曾停放在寿皇殿和观德殿内。

民国初期，景山内的寿皇殿内仍供奉着清代历朝皇帝的影像，皇室成员还经常前往瞻仰行礼，直至1928年（民国十七年）正式对外开放时才撤出。

景山公园南门和万春亭

　　1932 年（民国二十一年），修景山前街道路，拆北上东门和北上西门。1935 年（民国二十四年），因主峰万春亭损坏严重，进行翻修。1938 年（民国二十七年），万春亭被雷电击毁，于次年修理了宝顶、木柱、琉璃瓦砖楼及菱花窗户。

　　民国时期，故宫博物院对园内重点建筑也进行一些修缮，但由于园内经常驻扎军队，对古建筑和树木毁坏相当严重。

　　1954 年 12 月 12 日，北京市人民政府决定，将景山由故宫博物院移交市园林处管理。1955 年 4 月 14 日，成立景山公园管理处。1955 年 7 月 16 日正式对外售票开放。

　　1955 年 8 月 29 日，国家文化部文物局指示，将景山公园寿皇殿院内全部建筑，交北京市少年宫使用。

　　1956 年，为了配合景山前街道路展宽，拆除了北上门，使景山大门直对故宫神武门。

1957年，景山公园被列为北京市文物保护单位。1958年3月4日，市人民委员会决定：景山公园主要是为儿童服务，今后园内一切建设和设备应从为儿童服务出发，但不能限制成年人入园游览，景山公园名称暂不改变。

"文化大革命"初，景山万春亭内仅存的毗卢遮那铜佛像被砸毁，解体后卖了废铜。1971年2月21日，景山公园停止对外开放。1978年3月1日，经北京市革命委员会批准重新对外开放。

1988年，将景山前山的封闭果园，改成开放的小游园，种植各种树木2487株，宿根花卉近万株（丛），铺栽草坪4000平方米，全部绿化面积1.5公顷。2001年，景山被列为全国重点文物保护单位。2003年，北海景山公园管理处一分为二，成立独立的景山公园管理处，归属北京市公园管理中心。2004年6月，公园在对寿皇殿门前祭祀广场进行铺装的地面勘察时，发现三层不同时期铺设的路面遗迹。上层为20世纪50年代铺设的九格方砖，中层是清乾隆十五年（1750年）铺设的青砖，中间有御道。下层砖为明万历十三年（1585年）铺设的条砖。同年，恢复"明思宗殉国处碑""明思宗殉国三百年纪念碑"和寿皇殿前广场戗柱石。2005年至2009年，完成五亭和南门、东门、寿皇殿牌楼、寿皇亭、集祥阁及景山配房、西门北段大墙修缮，完成五亭基础保护、万春亭大佛贴金及观景台修建工程。

2015年，景山公园面积23公顷。

坛庙园林

北京坛庙体现人对自然的敬畏，渴望神人和谐的精神，也是中国传统社会维持正常秩序的一个重要组成部分。其坛庙的建筑及把有形的建筑和无形的理念紧密地结合在一起，集古代的哲学、历史学、数学、力学、声学、美学、生态学于一体，形成东方独有的文化现象，是整个人类的宝贵遗产。北京坛庙园林是在封建社会祭坛基础上创建的一种新的园林表现形式，其特有的造园手法及文化内涵对中国园林营造史上具有重要的里程碑意义。坛庙园林是我国古代传统建筑类型中带有公共活动或集会性质的形式，人们在进行祭祀、集会、交往活动之余，都需要有一个较好的休息游乐场所。有些坛庙建筑本身就要求大片的林木、山水来营造起肃穆、安静的体形与文化环境。于是坛庙祠馆造园应运而生。如今坛庙园林的假山、亭榭，而且还有大片林木，是城市风景的重要组成部分，对净化空气，改善环境都起着重要作用。

源流演变

北京的坛庙建设始于公元前 11 世纪，蓟侯按照"周礼"的规定，在封国建造了祭祀祖先的宗庙。

春秋时期，燕国的君主在蓟城建造了元英、历室。元英、历室既是宫殿，也是燕国国君祭祀祖先的太庙，内中陈设了祭祀用的大吕和宝鼎。燕国国君还在蓟城的郊外营造了沮泽，在那里举行郊祀大典。

东晋永和年间（345—356 年），慕容儁都于蓟城，建祧庙并尊之为燕太庙。

隋大业七年（611 年），隋炀帝驾幸蓟城，筑社、稷二坛于桑干河畔。

辽代以幽州为南京，城中建太庙，每岁祭祀。

金代太庙在中都宫城之南，宣阳门内千步廊左面，名衍庆宫，以后又建成社稷坛。金世宗时，再按中国古代礼制于南郊建圜丘，北郊建方丘，东郊建大明，西郊建夜明诸坛。金章宗时，又建成了风师、雨师、雷师及高禖坛。

元代大都按中国传统的"左祖右社"之制，太庙建在皇城之左，社稷坛建在皇城之右。

社稷坛为社、稷两坛之制。左社坛，右稷坛。两坛俱为方形石坛,高五尺,方五丈,周围筑砖墙,四隅连饰,东南西北皆建有棂星门,社坛中还植松以为社树。

元至元年间,元世祖曾在丽正门外南七里筑坛举行祭天典礼。至元七年(1270年),于大都东南郊,立藉田,建先农及先蚕坛,两坛制度与社稷坛制相同。大德三年(1299年),于丽正门外东南七里外建郊坛以祀天地。

明代太庙建在皇城之南,承天门之左,太庙街门西向,濒临承天门内御街。门内即太庙街,环太庙而设,街旁尽植以柏,株行有距,森然罗列。太庙中主要建筑皆南向,有太庙前殿、寝殿,两殿后为祧庙,是祭祀先祖之所。前殿两翼为庑殿,为皇室宗亲及功臣配享之所。太庙中所有建筑墙皆涂丹,顶覆黄色琉璃瓦,金碧辉煌。太庙初建成时,明成祖在太庙街间手植侧柏一株,用以昭示根植之固,北京太庙从而成为"万世不移之基"。

社稷坛也坐落于皇城之南,其位置与太庙相对应,其

社稷坛内松柏

址辽代为万寿兴国寺。是时,辽寺已圮,而所遗树木仍盛。明社稷坛占地达19公顷,其拜坛在社稷坛正中,北向,为红黑黄白青五色土筑成。坛前为拜殿,再前为戟门。环坛竖以高墙,墙外遍植以柏树,郁郁葱葱,四时不凋。

天地坛即皇城丙位而设,址在正阳门外东南,占地4000亩。坛中大祀殿即祭昊天上帝及后土皇地祇之所,十二楹,崇基。大祀殿东有七十二连房,俗名"供菜廊子",其与神厨、神库、宰牲亭连缀。西南有斋宫,是皇帝诣坛斋戒之所。天地坛门西向,门内稍南有神乐观,为正一派道观,观中道士司职乐舞生,以备祭祀演礼之用。观中大殿名太和殿,坐西向东,其后殿名显佑殿,为北方玄武大帝祀所。天地坛既经建成,在坛内广泛种植树木。

内坛靠近大祀殿的地方,全部种上侧柏及松树。依照中国礼制,所有树木之间间隔一致,排列成行,且俱为四季常青之树,故尤显庄重肃穆。

山川坛位于正阳门外西南,坛域却仅为天地坛三分之一强。山川坛中设山川之祭,又有藉田及先农坛,坛东有庆成宫,为每岁祭祀后皇帝举行庆成礼之所。

先农坛观耕台(原载《故都文物略》)

嘉靖九年（1530年），又对旧有的坛庙进行全面改造，奠定了北京的坛庙格局。

圜丘坛建于天坛大祀殿大享殿之南，坛圆形，三成，四出陛。墁砖栏杆皆饰以蓝色琉璃，环坛有垣，内垣形圆，外垣形方，南向设棂星门三座，东西北向各设棂星门一座。坛东南还建燔柴炉，西南建望灯，坛北建泰神殿以藏神版，坛东有神厨、神库及宰牲亭。四隅神门东为泰元，南为昭亨，西为广利，北为成贞，语出于《周易》"乾，元亨利贞"。坛内还大量种植了松柏，柏树多为桧柏，与旧大祀殿周围所植侧柏恰成对照。

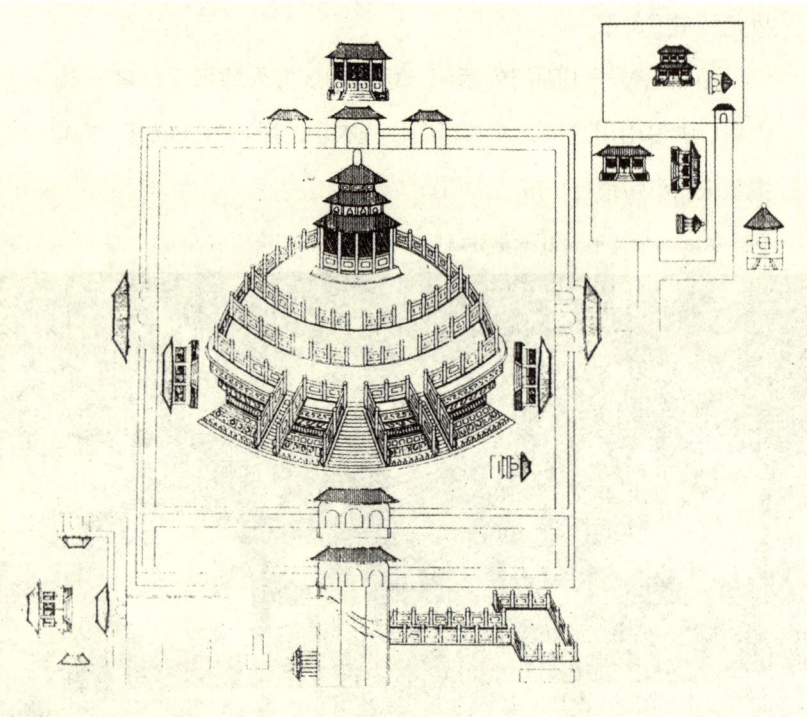

明会典大祀殿图

方泽坛位于安定门外东侧,临近北城墙。方泽坛坛制方,坛南有皇祇室,为贮神版之所,坛西有神厨、神库、宰牲亭。坛内亦环植松柏,株行有距,井然有序。

朝日坛位于朝阳门外南侧,是时其地有黑松林,郁郁以万计。朝日坛西向,为制一成,坛方广五丈,高五尺九寸,坛面用红琉璃,阶九级,四出陛,俱用白石。环坛以短垣,有棂星门之设。坛东南为具服殿,东北为神库、神厨、宰牲亭、灯库、钟楼,北天门外有礼神坊。

夕月坛位于阜成门外南侧,东向,制一成,方广四丈,高四尺六寸,坛面墁以白色琉璃。坛东北有具服殿、钟楼,坛南有神库、宰牲亭、神厨、祭器库。环坛植松柏。

天神地祇坛又名神祇坛,建成于明嘉靖十一年(1532年),位于旧山川坛南。

先蚕坛先建在安定门外,由于皇后亲蚕须穿过闹市街区,而且安定门外缺乏水源,无法行浴蚕礼,遂改在西苑择地建坛。

历代帝王庙建成于嘉靖十一年(1532年),位于阜成门内原保安寺故址。嘉靖二十四年(1545年),大享殿即大祀殿建成。

清代定都北京,尽数袭用明代旧有坛庙。

顺治时更大享殿为祈谷坛,依满洲旧俗在长安左门建神庙——堂子。

雍正时建风、云、雷、雨诸庙。

乾隆七年(1742年),再于西苑建成先蚕坛。先蚕坛位于西苑北海的东岸,濒水依林而建。坛周垣一百六十丈,南面设门,

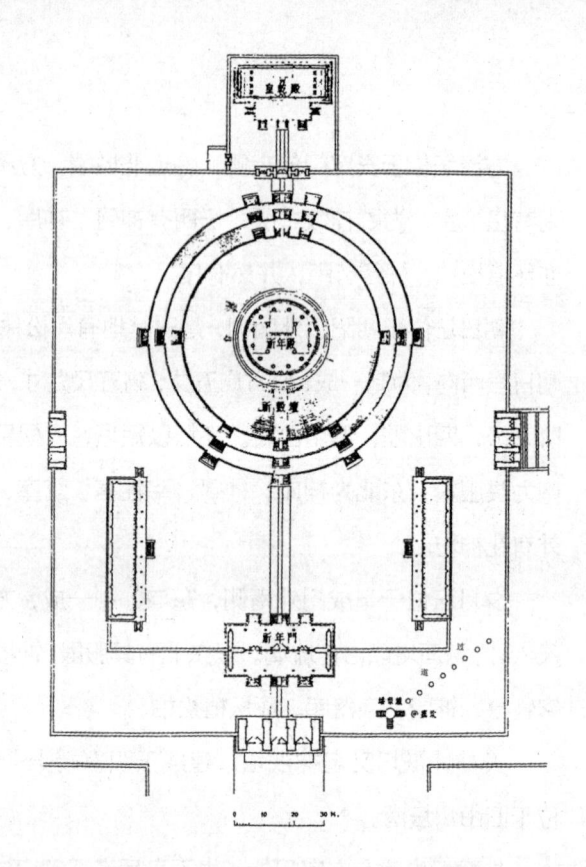

祈谷坛示意图

歇山顶绿色琉璃。门内设坛，制方，高四尺，广四丈，环坛列植桑柘，坛西北建瘗坎，观桑台在其侧。坛中还有亲蚕殿、蚕署、桑园，亲蚕殿阁题"葛覃遗意""化先无斁"，为清高宗御笔。坛中还有浴蚕河，河上架桥二座，河行绿树浓荫间，于庄重肃穆中，平添幽雅，却也别有情趣。

  清代除对坛庙建筑及祭祀设施维护外，还极重视在坛庙植树。康熙为保证坛庙植树成活，特规定凡于坛庙中植树，须在每岁清明以前进行。雍正几度诏令，禁止于坛庙中游观赏玩。乾隆也曾督促在坛庙中植树以昭敬重，并数度作诗以颂。道光年间几度下诏，使所司清查坛庙树木株数，凡有遗缺，须及时补植，每岁祭祀还添设护坛树大臣以表对坛庙树木之重视。乾隆以后，大规模的坛庙改造修建工程几乎停止了，但坛庙中植树却依然如故，这种状况一直维持到清代晚期。

咸丰十年（1860年），英法联军入侵北京，英军一部侵入了北郊方泽坛，将祭台周围短垣夷平，并把祭台改造为炮台。坛中皇祇室、神厨及斋宫诸建筑的门窗尽被拆除，陈设也被劫掠一空。

光绪二十六年（1900年），英、法、德、意、日、俄、奥、美八国联军入侵北京，北京的各座坛庙悉数被侵略军占领，诸郊坛皆被辟为军营。德军以重炮轰击太庙，破墙垣、毁殿宇。英军也扒毁天坛数段墙垣，将铁路直铺进天坛。英军还强占天坛殿堂用以驻军，毁坏树木，占地为营，所有陈设更被劫掠一空。美军驻屯先农坛，辟太岁殿为军营，将所存耕藉礼所用农具付之一炬。满族神庙堂子也被强迫迁移，原址被帝国主义侵略军圈为兵营，神庙毁于旦夕之间。

清末，由于坛庙管理疏漏日多，且几经劫难，各坛庙凋敝日甚，树木植株锐减。

辛亥革命后，清末代皇帝溥仪于1912年（民国元年）2月12日宣布退位，清廷典礼院随即将北京各坛庙移交民国政府，由内务部设机关实施管理，但清廷仍维持着对太庙的领有。

民国初年，多数坛庙皆用以驻军，民国政府拱卫军等更将月坛辟为养马场，而其余单位也纷纷将坛庙占用。1912年（民国元年）8月，农工商部首先在天坛外坛开办林艺试验场。

1913年（民国二年），内务部古物保存所将天坛和先农坛暂行开放。为此，两坛皆增添装饰点缀，建松柏牌坊于永定门内大街，设演艺场于先农坛内。两坛殿堂亦多数开放，数日之间，沉寂已久的两郊坛宇热闹非凡，游客众多。其后，民国政府内务部联合外交部及京师市政公所联合发行"介绍券"，使在京外国人持之以入坛庙观瞻。

1914年（民国三年），朱启钤任内务总长，主管坛庙事务。10月，将社稷坛辟为"中央公园"，开坛庙改公园的先河。中央公园开辟后，主管部门对其园林环境施以改造，堆山理水，建筑园亭，栽植花木，设置景观，园内还开辟了茶社、游戏场、饭庄、图书馆等服务设施。

1915年（民国四年）3月，内务部再将先农坛辟为公园，实行售票开放。

1917年（民国六年）4月，黎元洪亲率阁僚在天坛斋宫外举行了植树典礼，并亲手栽下了一株桧柏，阁僚们也依次种植了桧柏，以后又在天坛内开辟了国会议员植树林。是年，内务部提议将天坛开辟为森林公园，但动议才出，即发生了张勋扶植清末代皇帝溥仪复辟事件，段祺瑞组织的"讨逆军"与张勋部队在天坛交战，使天坛实行售票开放之事暂缓办理。直至1917年（民国六年）夏，其议再提，内务部才开设了天坛办公处，筹办天坛开放事宜。1918年（民国七年）1月1日，天坛正式实行售票开放。

太庙在民国后一直为清室所有，每年清室仍然祭祀太庙。1924年（民国十三年）10月"北京政变"后，11月冯玉祥的国

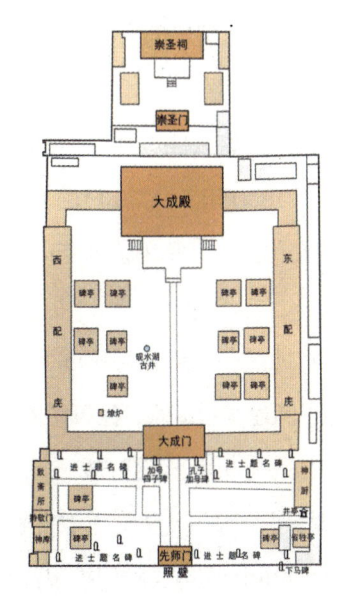

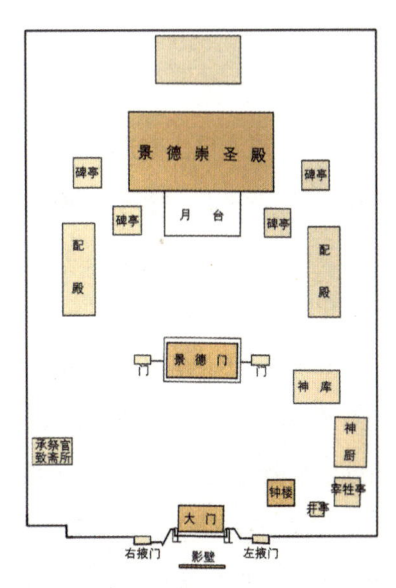

孔庙示意图   历代帝王庙示意图

民军逐溥仪出宫，随即成立的清室善后委员会决定将太庙向民众开放，开辟为"和平公园"。

1925年（民国十四年）3月，京兆尹薛笃弼主持将地坛开辟为"京兆公园"。

民国年间，孔庙、历代帝王庙也分别由教育部及中华教育改进社主持，实行了售票开放，但历代帝王庙在开放的同时亦成为北京第三女子中学的校舍。

1928年（民国十七年），中央公园改名为中山公园，将孙中山逝世后曾停灵的社稷坛拜殿命名为中山堂以纪念孙中山先生。1937年"七七事变"后，日伪新民会再将中山公园改为中央公园，把社稷坛中山堂改为新民堂。1942年，日伪新民会在社稷坛东南建成"音乐堂"。1945年,北平光复后恢复社稷坛仍为中山公园,社稷坛拜殿也恢复为中山堂。

1950年4月,政务院总理周恩来提议将太庙改建为劳动人民文化宫,经最高国务会议通过后,于1950年4月30日由北京市总工会主持将太庙改建为劳动人民文化宫,毛泽东亲为劳动人民文化宫书写宫名。

1953年,市园林主管部门决定将地坛、日坛、月坛辟为公园并征地规划,将各处破损建筑拆除,添建亭台景观,修葺甬路。各处驻军相继迁出。1955年,地坛、日坛、月坛相继开放。

1961年3月4日,国务院将天坛列为第一批全国重点文物保护单位。1983年再将社稷坛、太庙列为全国重点文物保护单位。1984年,市人民政府将地坛、日坛、月坛、历代帝王庙、先农坛列为北京市文物保护单位。

坛庙园林集萃

天　坛

天坛又称天地坛，位于永定门内大街路东，始建于明永乐十八年（1420年），占地273公顷。

天坛是圜丘坛、祈谷坛的合称，是明、清两代皇帝冬至祭天和祈谷、祈雨的场所。

天坛有内外两道垣墙，主要建筑都在内坛。南有圜丘坛、皇穹宇，北有祈年殿、皇乾殿，由丹陛桥连成一组布局完整、造型优美的建筑群。

咸丰十年（1860年）和光绪二十六年（1900年），英法联军和八国联军两次入侵，天坛被占，破坏严重。1912年（民国元年），农工商部在天坛外坛开办林艺试验场。1913年（民国二年）1月，天坛暂行开放。1918年（民国七年）1月1日，天坛正式售票开放。

中华人民共和国成立后，1961年3月4日，国务院将天坛列为全国重点文物保护单位。

天坛外坛墙为明代所筑，初为土墙，清乾隆十二年（1747年）改造，以临清砖砌成，绵延十里环绕。内坛墙亦明代所建，原内

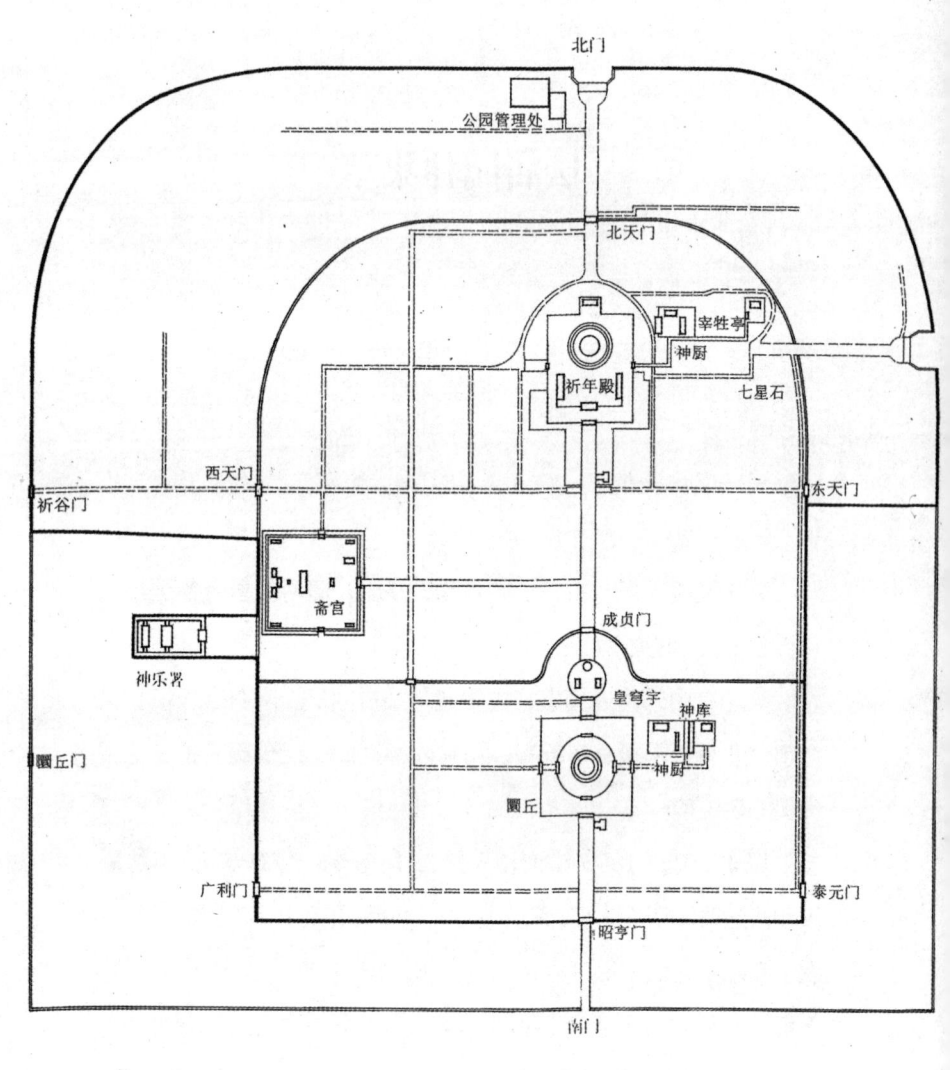

天坛平面图

外出檐为廊,并有廊柱。乾隆十二年(1747年)改造后取消了内外走廊,形成现今制式。

明代天坛仅西面设有坛门一座。乾隆八年(1743年),在其南增辟一门,名圜丘坛门,并命名旧坛门为祈谷坛门,今皆保存完好。

天坛外坛原建有神乐署、牺牲所、关帝庙。神乐署明代为神乐观,清康熙年间改为神乐署,是祭祀前演习礼乐之所。牺牲所址在神乐署南,规模颇盛。关帝庙在内坛西门外,原为奉祀关帝之所,今仅存康熙初年修庙碑记一额。

天坛内坛圜丘和祈谷两坛共在一垣之内,中间以墙相隔,圜丘坛在南,祈谷坛在北,中间有成贞门、三座门以通。

圜丘坛始建于明嘉靖九年(1530年),为明、清两代冬至祭祀昊天上帝的场所。主体建筑有圜丘、皇穹宇、神厨、神库、宰牲亭,四隅砖门也称天门,分别为泰元门、昭亨门、广利门、成贞门,系以《周易》乾卦之"元亨利贞"命名。皇穹宇是祭祀前存贮神牌的地方,也称寝殿,始建于明嘉靖十七年(1538年),清乾隆十八年(1753年)改造,改其重檐为单檐攒尖顶,围垣也尽改为砖砌,遂成回音壁。近回音壁处列植柏树,其中一株老干嶙峋九股盘结,被誉为九龙柏;又一株峨冠高举,长袖飘风,传为问天柏。

圜丘在皇穹宇南,自明嘉靖朝以来即为帝王祭祀昊天上帝的地方,故也称拜台。1914年(民国三年),袁世凯祭天也是在这里举行的。其为圆形三成坛,环以白石望柱栏板,四出陛,高达9米。

明会典圜丘图

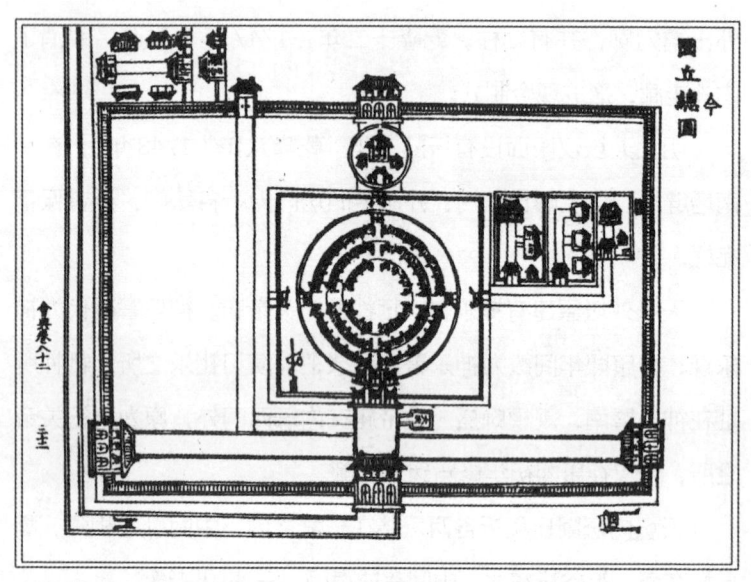

其初建时,坛面石为蓝色琉璃,围栏是白石蓝楣。今天圜丘规制即乾隆八年(1743年)时建成的。

祈谷坛即明永乐十八年(1420年)所建天地坛,主体建筑为祈年殿。其初建时为大祀殿,为祭祀昊天上帝及后土皇地祇之所。嘉靖九年(1530年),明世宗改行天地分祀,废大祀殿不用,即其南建圜丘,后又改大祀殿为大享殿,改旧方殿制为圆殿制。清顺治初年(1644年),即其处建为祈谷坛。乾隆十五年(1750年),改大享殿为祈年殿,并改三色瓦顶为蓝色琉璃顶。光绪十五年(1889年),祈年殿失火被焚。光绪二十四年(1898年),再度重建。又经1934年和1974年两度大修。经大修后的祈年殿,三重檐,圆形攒尖建筑,斗拱为五踩、七踩、九踩,饰龙凤彩和玺彩画。殿基三重，六出陛，环以汉白玉栏板望柱，饰以龙、凤、云雕，美轮美奂，庄重雄伟。

祈年殿前为祈年门，也称仪门，亦是须弥座崇基，前后三出陛，其左右红墙与两庑通连，明代其墙为廊庑，明世宗撤大祀殿，廊庑也一并取消，改为砖墙。

祈年殿东西庑各九间，原为天地合祀时从祀之所，废大祀殿

祈年殿藻井

后一直闲置。民国初年国会参众两院组成宪法起草委员会，即于该处办公，起草了中国历史上第一部宪法草案，即著名的"天坛宪法"（草案），草案才经国会一读，即被袁世凯所废，但为纪念其事，20世纪30年代初，其处建为"宪法陈列室"，保留其初时原状供人凭吊，中华人民共和国成立之初撤销了其陈列。

今其东庑为祭天乐舞馆，陈展编钟、编磬、镈钟、建鼓、琴、瑟、笙、埙诸种古乐器，西庑于1979年辟为青山居珠宝店。

出祈谷坛南砖门有砖砌长垣，宽30米、长360米的丹陛桥，其中设神道，以白石铺就，左右为王道，为帝王祭祀所行路，神道即昊天上帝神位所行路。石垣之左有白色石台，环以石栏，为皇帝祭祀行礼前更换祭祀服装的地方，名为具服台。

出祈谷坛东砖门，有廊曲折东去，与神厨、宰牲亭相连缀，其廊有七十二间，旧时为全封闭连房，故称七十二连房。因其为

祭祀供品所行经之地，又被称为供菜廊子。1937年（民国二十六年），北平故都文物整理实施处对其施加改造，撤其南向槛墙格窗，建成游廊，以后又称为七十二长廊。20世纪50年代时，再将其隔为房间，辟成文化展室，进行过许多展出。1979年复又将之翻修，恢复为七十二长廊，廊前墁铺草坪，植以花木，形成园中又一景观。

长廊东南有八方巨石伏卧于地，石上琢以山形云朵纹，浑朴厚重，名七星石，其中七块为明代所置，一为清代增置，为天坛中一处著名景观。

祈谷坛西南有一座宫城，为皇帝祭祀前斋戒沐浴之所，为斋宫，内有无梁殿、寝宫、钟楼，环宫城有两道御河，河上架以石桥，内外共计10座，皆雕栏玉砌，外重御河沿岸建河廊163间，为宿卫之所。斋宫寝宫是清乾隆七年（1742年）时所添建，其余尽为明代建筑。斋宫钟楼悬有景阳钟，为祭祀前鸣钟。明、清时，斋宫仅寝宫有植树。中华人民共和国成立后，斋宫辟为办公处，添植树木甚多。斋宫中还有翠柏、丁香、玉兰、海棠各种花木，又有大片翠竹，含芳吐艳，其间还有数株蜡梅，即严冬亦红苞翠萼，泛香怡绿。

斋宫东北环有柏林，为民国初年所植，内有黎元洪手植桧，当时立有记石，其树左右雁翅形又排植柏树十余株，为民国政府阁僚所植树，其北为民国国会议员植树，密密匝匝，数以百计。

斋宫北有百花园，为20世纪60年代初所开辟，园中植各色花木数百株，中心为一蓝色重檐攒尖六角亭，系1978年自李鸿章祠堂处移来物，其北有石台一方，上矗白皮松一株，系1976

天坛斋宫

年春天坛职工为纪念周恩来总理逝世而植。百花园中又有许多外国友人所植树，有1963年澳大利亚友人希尔所植云杉，有1982年西德总统卡斯滕斯所植欧洲栎。欧洲栎又名德国橡树，树形高大美观，植时皆为幼苗，今已高大挺拔，蔚然成林。又有加拿大政府赠送的糖槭，糖槭又名加拿大枫，属于秋季，其叶殷红，1984年由加拿大驻华大使手植于是处。

与百花园相邻有月季园，占地1.3公顷，于1963年建成，园中植各品种月季以万计，姹紫嫣红，百态千姿。又植有日本田中首相所赠大山樱花，属于春季，花开烂漫，与满园月季竞芳斗艳。

百花园西北建有双环万寿亭景区。双环万寿亭原建于中南海，为清高宗为其母祝寿所建，1977年夏自中南海移建于是处，亭左右以廊连缀垂花门。方胜亭其前高阜上建有扇面亭，也是同年自中南海移建之物。高阜上还耸以奇石，间植花木，又有偃松，即其处东望，正与祈年殿相对，堪称佳处。

清代天坛内外坛植树逾 13 000 株，光绪二十六年（1900 年）八国联军入侵，树株锐减，至民国初年天坛存有树木 8800 余株。民国期间，因驻军所毁及失于管理而枯死又逾千计。1948 年（民国三十七年）末，国民党政府军队在昭亨门外建飞机场，伐毁树木又逾千计，至解放初期，天坛存有树木仅 6000 余株。1952 年，天坛公园将坛内出租耕地收回，开始大面积绿化，广植树木，以速生快长的杨树为主。20 世纪 50 年代末，又大面积发展果树，使天坛外坛尽为果园，圜丘坛域内也多为果树，有苹果、桃、梨、核桃、海棠、杏树等 10 000 余株。20 世纪 80 年代初期，天坛停止发展果树，以后逐年对果园改造，改种常绿树，几年间种植桧柏、侧柏、白皮松已达 20 000 多株，以及花木数万株。1985 年至 1987 年，邓小平等领导人三度在天坛参加植树活动。邓小平亲手植下了十几株桧柏、白皮松、油松等常绿树。社会各界人士也积极到天坛参加义务植树，加速了天坛的绿化，树木浓荫，满目青翠。1990 年天坛实有树木 136 种 97 000 余株。

1990 年，北京市人民政府组织社会力量，把 20 世纪 70 年代市内修筑人防弃土堆在天坛丹陛桥西侧占地 6 公顷，高达 32 米的土山，共 700 万立方米山土移走，平整土地，种植松、柏等 6000 株，恢复了古坛神韵。

1990 年，天坛公园面积 204.11 公顷。

天坛柏林

地 坛

地坛又称方泽坛,在安定门外大街东侧,与天坛南北遥相对应,始建于明嘉靖九年(1530年)。

明世宗修改祭典,将南郊的天地坛改为圜丘坛,在北郊另建方泽坛,每年冬至和夏至分祭天地。

地坛分为内坛和外坛,由两重坛墙环绕,主要建筑都集中在内坛,共有方泽坛、皇祇室、神器库、宰牲亭、斋宫、神马圈、钟楼七组建筑,形成完整的布局。以外坛墙为界,总面积43公顷。两重坛墙及主体建筑方泽坛均采用正方形,以附会中国古代"天圆地方"之说。

地坛在明、清两代为皇家禁地。咸丰十年(1860年),英法联军入侵北京,英军占据地坛。将方泽坛周围矮墙夷平,并把祭台改为炮台。坛中皇祇室、神器库及斋宫等建筑门窗尽行拆除,所有陈设劫掠一空。

1925年(民国十四年),地坛曾开辟为"京兆公园"。改园中方泽坛为讲演台,又添建了共和、有秋、教稼诸亭,开办通俗图书馆和公共体育场,还以诸种植物拼成世界地图,名世界园。园门额书"勿忘国耻",而联曰:"大好河山,频年蚕食鲸吞,举目不胜今昔感;强权世界,到处鹰瞵虎视,惊心莫当画图看。"1928年(民国十七年),改名为市民公园。1929年(民国十八年),北平市工务局在地坛设立苗圃。1936年(民国二十五年),北郊医院占用地坛部分土地。1938年(民国二十七年),因侵华日军

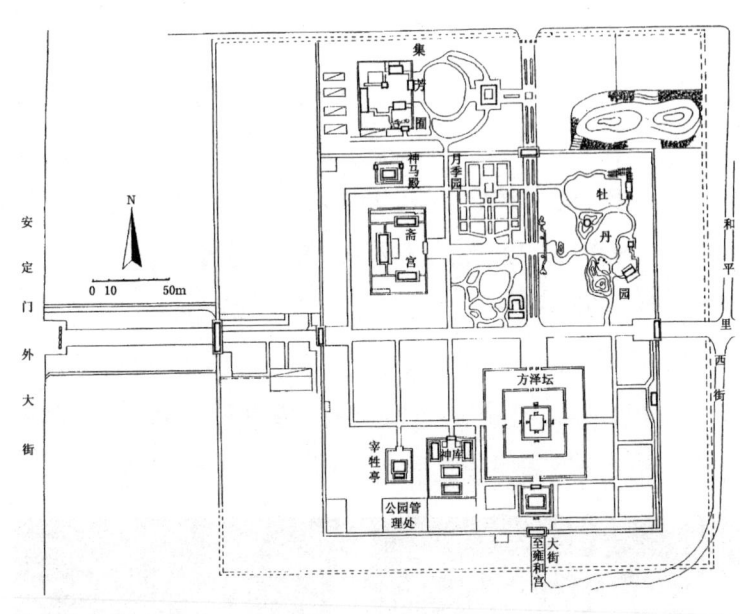

地坛平面图

建西郊飞机场，将地坛的房屋土地交机场征用地界内的农民居住、种植，遂停办公园。1942年（民国三十一年），又在外坛建立了传染病医院，占用了大片土地。此后，虽仍维持开放，但因驻园单位过多，景观维持不周，而游人寥寥，日益荒败，终于沦为废园。

1956年，北京市园林局划内坛地30.5公顷及外坛苗圃地5公顷，共35.5公顷，开办公园。

地坛外坛墙已不复存在，内坛坛墙基本保留。七组建筑除钟楼、斋宫内宫门、宰牲亭井亭倒塌拆除外，其他基本保持原貌。园内共有古建筑21 000平方米，古柏180株。

"文化大革命"中，公园部分绿地被侵占，违章建筑大量增加。

1982年，东城区人民政府主持制定了地坛公园发展规划。

1983年，市园林工作会议确定了地坛公园建设方针，即保持原有坛庙风格，形成古朴幽雅特色，建成以老年人为主要对象的文化休息公园。

1981年，由市政府拨款重修了地坛主体建筑——方泽坛和皇祇室。方泽坛又称祭台，面积17 689平方米。坛为两层方形平台，台上陈设从祭的五岳、五镇、四海、四渎神位，台下环绕水渠。周围有两重矮墙围成正方形，砌筑祭台的石块和石阶均为偶数。建筑采用黄色琉璃瓦顶，象征"黄地"。通过这一系列的处理，给整个建筑蒙上一层神秘的色彩。

地坛皇祇室内陈设

方泽坛在1953年由公安部门筹办展览后作为仓库，后几经周转，1980年收回时已经面目全非。1981年后，按原样重建修复，1984年5月正式开放。皇祇室是平时供奉地祇神位和从祭的岳、镇、海、渎神位的建筑（神位在每年夏至祭祀时才移到祭台上）。

皇祇室是地坛的正殿，坐南朝北，单檐歇山顶，斗拱承重，饰以黄瓦朱扉，有围墙一重。修复后的皇祇室殿内仍保留了清代的彩画，开辟为陈列馆，收集和复制有关地坛的文物资料，介绍地坛的历史沿革和发展规划，于1985年开放供游人参观。

1983年，东城区人民政府拨款整修了神器库。神器库由前殿（神库）、东殿（祭品库）、西殿（神厨）、后殿（乐器库）和两座井亭组成。

方泽坛西北是斋宫，斋宫原是皇帝祭祀前斋戒时居住的地方。修缮后改为北京蜡像馆，陈列中华民族杰出人物蜡像53尊。

地坛公园中古柏森森，绿草茵茵，过去曾有"崇墉柏带青霜气"之誉，而今又有花木翠竹之植，更显得古朴典雅、优美宁静。1990年，地坛西门外重建了仿古牌楼。牌楼四柱三间，斗拱飞檐，金碧辉煌，矗立于长街之上。街侧以市树侧柏为主，在绿色草坪上点缀花木。因其地近安定门，故该景区命名为"安定生辉"。

自1985年开始，地坛公园在北京率先利用中断多年的民俗形式，举办了地坛春节文化庙会。庙会注重民族、民间特色，注重文化品位。仿清祭地表演、传统文艺演出、小吃、杂耍及群众自娱自乐节目济济一处，气氛极为欢腾。

1984年，地坛被列为北京市文物保护单位，2006年升为全国重点文物保护单位。

2015年，地坛公园面积34.05公顷，其中水面0.13公顷。

日　坛

日坛又称朝日坛，位于朝阳门外，始建于明嘉靖九年（1530年）。祭台为方形，一层，坛面墁以红色琉璃砖。坛周为圆形矮墙，东南北向各有一棂星门，西向有三棂星门。北门外以东建有神库、神厨等建筑，并围以红墙。此外还有宰牲亭、祭器库、乐器库等辅助用房。矮墙的西北侧建有钟楼和具服殿，整组建筑庄严肃穆。日坛西北各有天门一座。日坛周围原是一片松林，人称黑松林。

日坛是明、清两代每年春分祭祀太阳神的地方。据史载，每隔一年由皇帝亲自到日坛祭祀，其余年份指派大臣代祭。最后一次是清道光二十三年（1843年），清宣宗到日坛亲祭太阳神。此后，祭日礼仪逐渐废止，日坛也逐渐荒芜。

民国时期，日坛内外已一片荒凉。大片松林被盗伐，祭台金砖丢失过半；钟楼倒塌，铜钟丢失，坛墙断落，遍地荒草；大部分房屋为军队占用，大量土地出租或开为苗圃。

中华人民共和国成立后，北京市人民政府决定将日坛开辟为公园。1956年至1957年，先后收地200余亩，将日坛面积由原来的6公顷扩大到21.15公顷。

1961年，市园林局作为分级管理试点，将日坛公园下放朝阳区管理。

"文化大革命"初期，日坛的祭台被拆除，改为旱冰场、舞池。园内铺栽的大面积草坪，当作"修正主义毒草"被铲除。

1969年至1970年，周恩来总理三次到日坛公园，指出一定要把日坛建设好。随着日坛周边使馆区的建立，加快了日坛公园的建设速度。

1978年，在祭台南棂星门外建成牡丹园。1979年，在公园东南部建成"曲池胜春"景区。景区内种植月季数千本，又建成亭台，浚成清池，池状如曲尺，玲珑小巧，名为曲池。因园以月季为主景，月季又名胜春，故名其景区为曲池胜春。

1983年，修复北天门。1984年，重建日坛祭台，并在公园西南部建成南湖景区。景区内湖面颇广，浩淼烟波。环湖逶迤以山，湖岸参差错落，设有圆亭、水榭、画舫，又有石桥如虹联结两岸，湖畔垂绿柳。山顶又有方亭，名"清晖"。

1984年，还在公园南门内建成大型影壁。壁间以彩陶镶拼制成祭日壁画，描绘了古代祭日的壮阔场面；又绘有"夸父逐日""后羿射日"之图。

日坛公园祭日壁画

日坛公园西北隅有马骏墓。马骏曾任中共北京市委书记，1928年殉难后葬于此处。1955年该处划入公园范围，建烈士墓，立纪念碑。"文化大革命"期间，墓被破坏，墓碑也被砸毁。1987年市政府拨专款重建，并列为北京市文物保护单位。马骏墓墓基为红色花岗岩，墓体以汉白玉砌成，墓碑由邓颖超书题，墓后植青松，庄严肃穆。

日坛公园古木众多，又植新树。园内绿草如茵，繁花似锦，林木繁茂，幽雅恬静。

2015年，日坛公园面积20.62公顷，其中水面0.47公顷。

月　坛

月坛又称夕月坛，位于阜成门外，始建于明嘉靖九年（1530年）。

月坛祭台坐西向东，坛的四周有白琉璃瓦顶的矮墙。四面皆有门，南北西各有一座棂星门，东面有三座棂星门。祭台的东北有具服殿，北面有钟楼和遣官房，南面有神库、祭器库、神厨及宰牲亭。月坛有东、北两座天门，东天门外有礼神牌坊。

月坛是明、清两代皇帝秋分祭祀月神的地方，清末月坛逐渐荒芜。

民国以后，月坛成为常驻军队的地方。北京沦陷期间，日伪所谓的献木、供木运动，将月坛内外树木基本砍光，古柏所剩无几。

1953年因展宽南礼士路，拆除了东天门外的礼神牌坊。

月坛

  1955年，北京市人民政府决定将月坛开辟为公园，收回了月坛南侧的私人果园，公园面积由原来的5.39公顷增加到7公顷。

  1959年，为了贯彻"绿化结合生产"的方针，月坛公园南部又改成果园，不对外开放。

  "文化大革命"中，月坛古建筑遭到破坏。屋顶上的"吻兽""垂戗兽"，院内的石雕屏风、铜锅、铁缸尽被砸毁；钟楼大钟被摘掉，坛墙大部被拆毁；祭台被拆除；北天门东侧建筑了商场和酒家，破坏了原有的坛庙风格。

  1978年以后，园内重铺了园路，整修了上下水，增植了树木，开辟了月季园。1980年油饰了具服殿，1982年整修了钟楼。1984年，月坛被列为北京市文物保护单位。

  1984年，将月坛公园南部的果园，改建成"邀月园"。人防工事积土修整为山，满山植以松柏花木。园中心取"桂子月中落，天香云外飘"诗意,又建"天香院"。天香院正房三楹,元宝脊,前廊后厦,额题"广寒深处"。两侧耳房各有跨院,西墙壁为半廊,垂花门;东墙为花墙,月洞门。院内建有月池,砌以云石。院外环植翠竹,点缀玉兰、云杉及堆石,疏密相间。邀月园南山在天香庭院南,山巅建有凉亭,名秋爽亭。山西麓累石为崖,崖下有洞,洞前引水为溪,溪上建有白石拱桥,隔水相对有山,山上隐隐有圆亭,两山皆漫山植树,石磴小径若隐若现,自山脚延至山巅。

天香院北有砖墙,墙一面为粉壁,一面尽嵌勒石,记古人咏月佳句,为当代书法名家撰录,因墙长而碑多,有阅读之美,故称为碑廊。

邀月园中植陕西石榴树数以千计,密密匝匝,层层叠叠,每届秋季如染红霞,为北京赏秋佳处。

2015 年,月坛公园面积 8.12 公顷。

社稷坛—中山公园

社稷坛,位于天安门西侧,始建于明永乐八年(1410 年)。其原址,曾是唐代幽州城东北郊的一座古刹,辽代扩建成兴国寺,元代改称万寿兴国寺喇嘛庙,明代按"左祖右社"帝王都城的规制,在此兴建社稷坛,占地 19 公顷。

社稷坛是明、清两代帝王祭祀土地和五谷神的祭台,社指土地神,稷指五谷神。坛是汉白玉石砌成的正方形三层平台,上层边长 15 米,中层边长 16.4 米,下层边长 17.8 米,总高 1 米。每

坛庙园林 / 163

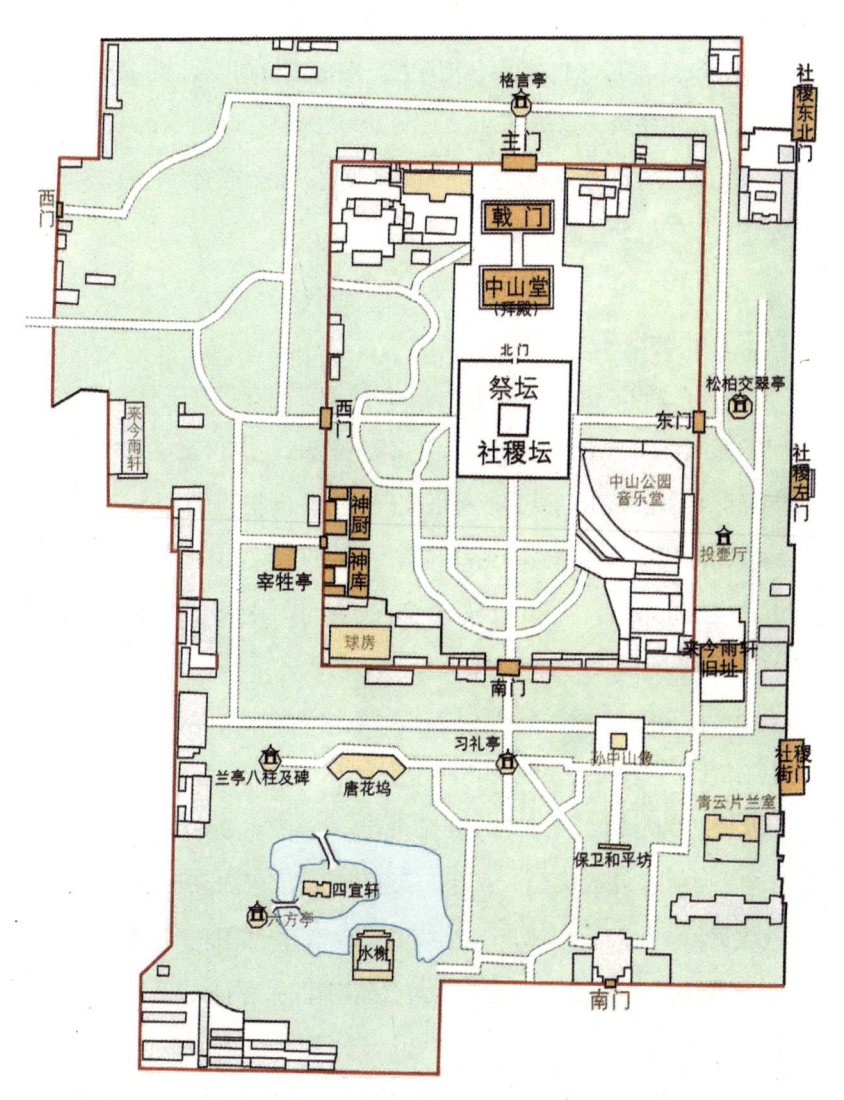

中山公园平面图

侧正中各有石阶四级。坛中铺垫1寸厚五色土,中黄、东青、南红、西白、北黑,象征全国领土。坛四周围墙按东、南、西、北方位,分别覆以青、红、白、黑四色琉璃瓦,墙每边长62米,高1.7米,每面墙正中各有一座棂星门。

社稷坛北面有拜殿,拜殿北面有戟门。此外还有宰牲亭、神库和神厨等辅助建筑。

1914年(民国三年)10月,开辟为中央公园。1928年(民国十七年),改名中山公园。

开辟公园之初,天安门内尚未开放,在天安门右社稷坛墙垣开辟园门,门券形,上覆黄瓦,门内为敞轩,左右有游廊与园内连通。中山公园东门原为社稷坛北门,门东向与阙右门相通。中山公园西门也是创办公园后开辟的,门在园西北角,门外为南长街,门内有叠石,系20世纪50年代初所建。中山公园初建时还曾在筒子河上架桥以通西华门,后因故撤除。

中山公园的主体景观即社稷坛,坛位于公园之中心,坛北是中山堂,即原拜殿。1925年(民国十四年)3月,孙中山逝世后灵柩曾停放其处,1928年(民国十七年),国民政府将其改为中山堂。中山堂后为戟殿,原为社稷坛仪门,因门内陈七十二枝铁戟故又称为戟门。1900年(光绪二十六年),八国联军入侵时将铁戟尽行掠走,遂徒有其名。中央公园初建时,南北建槛墙槅窗,辟为图书馆。

社稷坛东南为音乐堂,于1942年(民国三十一年)建成。中华人民共和国成立后,几度改造,形成今天圆柱擎天、阶梯横

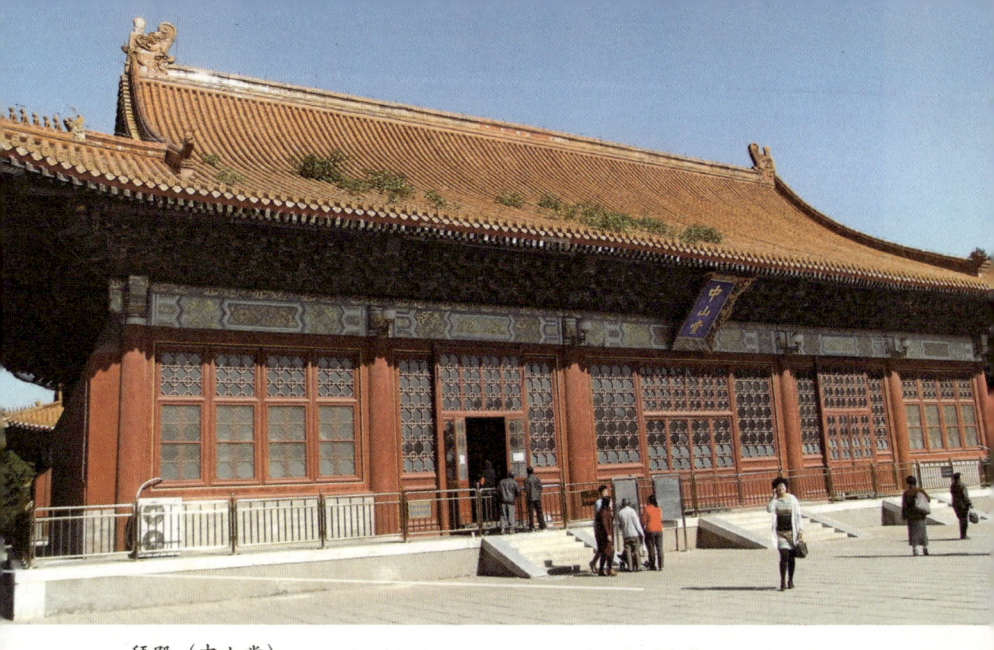

拜殿（中山堂）

贯的规模。音乐堂前原为国花台，尽植以牡丹、芍药，其中许多移自南城崇效寺。20世纪80年代，建凉亭曲径，植各种花木，名为桃园。

　　与桃园相对处有实园，其处原来也曾为果园，修曲径折转于果木之间，植绿篱徘徊于曲径之侧，使春赏桃花，秋观硕果，名为实园。

　　愉园位于中山堂之东，建成于1985年。愉园西堆山叠石以成隔离，又植各种树木以成绿色屏障。园中有游廊慢转，曲径通幽。游廊间座以亭，为流云亭、览粹亭、倚霞亭，花木杂植其间。游廊北丛生绿竹，竹影婆娑，婀娜多姿。游廊前有方池，池上临以石桥，桥南北小径为碎石墁成，其旁竖观赏石，植有碧桃、榆叶梅、丁香、海棠等花木。愉园游廊一面临绿地，一面为漏窗花墙，漏窗中有水如碧，饲以金鱼，上下游曳，怡然之极，愉园即取渔愉之音，亦含愉悦之意。

惠芳园位于中山堂之西。园门在南，以竹为之，门内又有千竿绿竹夹道，瑟瑟如吟，有小道蜿蜒于竹丛间，道尽则露迤逦之岗，岗上有兀立之石，委地之树，岗后有大片草坪，草坪中卧以莽石，上镌惠芳园之铭。其后有屋数楹，四合而成庭，屋中陈列兰花，馥郁芬芳，暗香浮动。惠芳园址民国年间曾建有哈定纪念碑，日伪时期将之毁弃。中华人民共和国成立后其地一直为养花温室，1990年改造建成惠芳园。

社稷坛垣外原悉为柏林，开辟公园后，根据"就坛改建"的原则，民国时期多数景观即建于其处，且多集中于坛南社稷街。明、清时社稷坛街门东向，创办公园后其门封闭，改为厅堂，其前竖"青云片"石。青云片原为圆明园时赏斋中物，1924年时移于中央公园，石上"青云片"三字为清高宗御笔。青云片石之北有来今雨轩，东有抄手游廊，灰瓦绿柱，迤逦于古柏林间，与中山公园南门连通。

中山公园南门内有"保卫和平坊"，其始建于光绪二十七年（1901年），名"克林德坊"，1919年（民国八年）移建于园中，改为"公理战胜坊"，1952年10月，改为"保卫和平坊"。保卫和平坊为汉白玉石材构架，四柱三间，上覆蓝色琉璃，素洁庄重，坊书为郭沫若所撰。

保卫和平坊北有1986年塑立的孙中山铜像，铜像基座为黑色大理石，上面镌有邓小平的题词。近处有奇树"槐柏合抱"。槐生于柏树中，古木交柯，共存共荣。

保卫和平坊迤东有水榭、四宜轩、唐花坞、习礼亭、兰亭八柱亭诸景及山水花木之胜，诸景多为初建园时所构。

建园之初，拓社稷坛西南垣，收织女河于垣内，园中遂有清流，于是淤地成池，建成水榭，水榭三面临水，屋架水上。民国时期，其处为结社之地，常有集会。1918年（民国七年）11月，李大钊在这里发表了《庶民的胜利》的著名演说。

四宜轩原为社稷坛坛神庙，辟为公园后，遂引水环之，积土成屿。因其四面可望，琴棋书画咸宜，故名四宜轩。

唐花坞为花卉展览温室，古人谓温室花卉为唐花，其前又有水如池，故名为唐花坞。唐花坞主体屋为六角重檐攒尖亭，两翼玻璃温室雁翅形排列，形状别致，为梁思成设计。

距唐花坞不远处有习礼亭。习礼亭原为鸿胪寺中物，为明、清时官员演习朝仪之所，故名习礼亭。初建中央公园时，移于该处。其六角攒尖，崇基，前后出陛，小巧玲珑，与唐花坞左右相置，互为呼应。

唐花坞西有兰亭八柱亭。兰亭八柱为八方石柱，上有褚遂良等八位书法名家所录兰亭集序，故名兰亭八柱。其原为圆明园之物，民国时期移于中山公园内，一直弃置于地。1972年，以之为亭柱建成兰亭八柱亭，亭中还有兰亭碑，碑上镌王羲之《兰亭集序》手迹及兰亭修禊图，碑额"景自天成""引派涵星"为清高宗御笔。

坛南景区中古柏森然，最蔚为壮观的为南坛门外的7株辽柏，一排横列，浓荫繁茂，为辽代万寿兴国寺遗物，树龄已逾千年。

坛南景区还有建园之初所浚之池，所叠之山，数泓清水，几处叠石。后山湖又经修缮整形，使石岸欹奇，峭岩临流，又有岸芷汀兰，濯清涟之莲。

"文化大革命"期间，中山公园南部景区因中南海施工一度被拆撤，1972 年以后复又重新建成。

中山公园东路景区有投壶亭、松柏交翠亭、长青园、香雪海。

投壶亭在来今雨轩后，亭平面为"十"字形，可做投壶游戏，故名投壶亭。亭隐于山石林木间，地处僻静，为园中幽雅去处。

松柏交翠亭迎社稷坛东门而建，亭座于土丘之上，周围叠石矗立，松柏交翠，故名松柏交翠亭。亭额为金梁所书。

长青园始建时即其地植梨树数十株，春季梨花绽放，落英缤纷，夏秋又有梨可尝可赏，名为梨树园。后梨树多被刨除，改植以龙柏、雪松、云杉等长青之树，更名为长青园。

香雪海与长青园比邻，其处有垂花门、漏窗之设。园内植以海棠、榆叶梅、丁香诸种花木，芳香如雪，故誉为香雪海。

中山公园西路有宰牲亭、游乐场、杏花村并诸多古树。

宰牲亭原为祭祀前宰杀祭祀牺牲的地方，初建公园时撤其垣，使亭兀然于柏林之荫。今其处还有拱门，现宰牲亭已被改为商亭。

杏花村建于 20 世纪 80 年代末，为仿古楼阁建筑。楼前有庭院，两翼又有爬山廊。庭院中有叠石，有湍流，有花木，飞珠溅玉，花气袭人。

中山公园北路尽为林荫，古柏株行有距，纵横排列，其下绿草如茵，生机盎然。林荫中有欧式圆亭，通体白色，上有亭顶，其亭名格言亭。最初其建于坛南，后因建"公理战胜坊"遂移于是处。因亭柱上镌孔子、孟子等中国古代先贤箴言，故名格言亭。20 世纪 50 年代，柱间文字尽被磨去。

2017 年，中山公园面积 23.83 公顷，其中水面 3.83 公顷。

太庙—劳动人民文化宫

太庙，位于在天安门之左，始建于明永乐八年（1410 年）。

为了突出祭祖的主旨，太庙四周围以三道红墙及层层松柏，衬托起金碧辉煌、错落有序的建筑，营造出一种神秘肃穆的气氛。建筑采用中轴对称式布局，琉璃门、汉白玉石拱桥、戟门、三大殿依次排列在中轴线上，井亭、神厨、神库、配殿依次排列于两侧。享殿（前殿）是皇帝举行大祭活动的场所。三层汉白玉须弥座台基，殿内地铺"金砖"，梁柱为名贵的金丝楠木，气势雄伟，

太庙

比故宫的太和殿高 2 米，被认为是至高无上的象征。寝殿是供奉帝后神位之处。祧庙是供奉皇帝远祖神位之处。太庙是我国现存最完整的、规模最宏大的皇家祭祖建筑群，是古代最重要的宗庙建筑，堪称"天下第一庙"。

太庙呈南北方向的长方形，总建筑面积 139 650 平方米。三层琉璃瓦砖门、三层大殿、戟门、石桥南北排列在中轴线上。再加上封闭的围墙，浓密的古柏，形成庄严肃穆的气氛。重檐庑殿顶的大殿位于这组建筑物的中心，明代为九开间，乾隆末年，清高宗为了自己死后神主入祭太庙，改为十一开间。大殿梁柱外面包以沉香木，其余构件用金丝楠木制成。明间和次间的殿顶、天花、四柱皆贴赤金花，不施彩画。三层汉白玉须弥座殿基，周围是汉白玉护栏，望柱雕以龙凤纹。大殿两侧抱以连檐通脊的廊庑。前殿之后为九开间的中殿，后殿以一道红墙与前面二殿相隔，是祭祀远祖之处，又称祧庙。大殿前面是五开间的戟门，门内原有 120 把铁戟，光绪二十六年

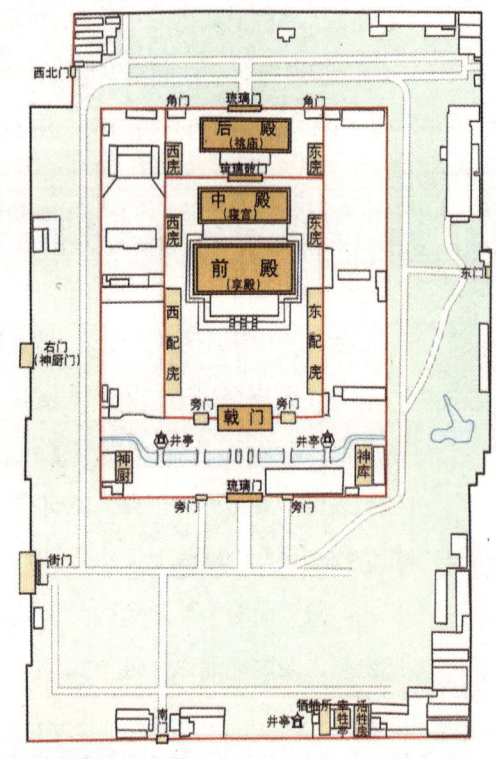

太庙示意图

(1900年），八国联军入侵时全部被盗走。辛亥革命后，太庙仍归清室所有。1924年（民国十三年）11月，冯玉祥的国民军将溥仪驱逐出宫，民国政府收回太庙，辟为和平公园。1928年（民国十七年），停办公园，由故宫博物院管理。1950年4月，经周恩来总理提议辟为劳动人民文化宫，成为劳动人民文化活动的场所。

1950年10月30日，中共中央在劳动人民文化宫为任弼时举行追悼会。1976年1月12日至14日，在劳动人民文化宫举行周恩来吊唁仪式。

太庙在北京坛庙中保存比较完整，基本维持原有格局，只在南部垣墙上新辟宫门，其制与中山公园南门相同。院内东南隅堆有土山数座，山上垒以石、植以树、浚以池，并在树林、古建间隙地建成劳动剧场、灯光球场、电影院、图书馆、展览橱窗等文化设施。

20世纪70年代于戟门前添植雪松、龙柏等常绿树，与红墙黄瓦相映成趣。80年代又种植太平花、黄刺玫、榆叶梅、珍珠梅、丁香、连翘等花木，与原有古树构成层次分布。1988年1月太庙被列入全国重点文物保护单位。

劳动人民文化宫常年举办展览及文化交流活动。

2017年，劳动人民文化宫面积19.72公顷，其中水面2.24公顷。

寺观园林

　　寺观园林是指佛寺、道观、历史名人纪念性祠庙的园林，为中国园林的四种基本类型之一。北京历史悠久的寺观繁多，形成一些著名的大型寺庙园林，经历了近两千年的发展演变，特有的文化积淀与园林景观融为一体。道家文化追求逍遥神游，儒家文化追求道德感应，佛家文化追求净根顿悟。道、儒、佛三家文化都注重自然和人的统一，只是方式不同。寺观园林所具有突出的地理优势和风景地貌，给人们提供了特有的意蕴。它追求所处的地貌环境，利用山岩、洞穴、溪涧、深潭、清泉、奇石、丛林、古树等自然景貌要素，通过亭、廊、桥、坊、堂、阁、佛塔、经幢、山门、院墙、摩崖造像、碑石题刻等的组合、点缀，创造出富有天然情趣、带有或浓或淡宗教意味的园林景观。北京的寺观园林四周院墙、中轴对称、等级分明、内外有别的建筑组群及其审美观赏，具有千百年来宗教文化集大成的表现形式。

寺观园林大观

北京的寺观园林始于晋代。西晋（265—316年），在京西潭柘山上，出现了第一座寺院园林——嘉福寺。

潭柘山属燕山山脉，山峦起伏，有九峰连珠，山上树木茂盛，尤以柘树最多。嘉福寺位于宝珠峰下，寺后有泉，潴汇成潭，寺周环生柘树，郁郁数千章。嘉福寺即因深潭、柘树而俗称潭柘寺。

天宁寺创建于北魏孝文帝年间，寺院内树木葱郁，以松居多。云居寺始建于隋大业年间，寺周松柏参天，浓荫蔽日。

西山林麓苍勤，溪涧镂错，独特的地形地貌，构成了营建寺观园林的优美环境。位于马鞍山麓唐代的慧聚寺（今戒台寺）；位于翠微山麓唐代的灵光寺、香界寺；位于卢师山隋代的证果寺；唐代在香山建的香山寺、吉安寺，在寿安山建的兜率寺（今卧佛寺），以及在怀柔红螺山建的大明寺（今红螺寺），都建筑在背风向阳、水源充足、林木茂盛的环境之中。

唐太宗为追悼东征阵亡将士，下诏在幽州城修建佛寺。于武后万岁通天元年（696年）建成的悯忠寺，院内植有大片松树。位于天宁寺西北的道教丛林天长观亦有园林建置。长庆元年（821年）卢龙节度使刘总弃官为僧，舍宅建造了崇效寺，使宅第园林成为寺观园林。

辽代佛教盛行，燕京寺院有36所，中心庙宇不计其数。大觉寺坐落于阳台山山腰，建于辽咸雍四年（1068年）前，初名"清水院"。契丹人有"朝日"之俗，寺院山门和建筑都坐西向东。寺内辽代碑刻记载："阳台山者，蓟壤之名峰；清水院者，幽都之胜概。山之名传诸前古，院之兴止于近代……"清水院内植有松、柏、银杏、裟罗等树，寺外环围山林，成为辽南京城外负有盛名的寺院园林风景区。

辽咸雍年间，由法均禅师主持，用一年多时间整修了已近倾废的慧聚寺，寺中肇建了一座戒台。寺中有千姿百态的古松，多是辽代种植。

金代帝室崇拜和支持佛教。金世宗年间，于燕京建大庆寿寺，曾赐沃田20顷，钱20 000贯。重建燕京昊天寺，赐田百顷。修建香山寺，更名"大永安寺"，赐田2000亩，栗7000株。

大圣安寺始建于金天会年间，建在中都城内，因坐落于柳湖村旁，寺外有碧波荡漾的湖水，沿岸是茂密的垂柳，故称"柳湖寺"。寺内供奉金世宗、金章宗、李宸妃像，庭院中植有怪柏、楸树数株。

大永安寺是金中都郊区一座兼有行宫性质的寺院园林。《元一统志》载："昔有上下二院，皆狭隘，凿山拓地而增广之。上院则因山之高前后建大阁，复道相属，阻以栏槛，俯而不危。其北曰翠华殿，以待临达，下瞰众山，田畴绮错。轩之西叠石为峰，交植松竹，有亭临泉上。钟楼经藏，轩窗亭户，各随地之宜。下院之前殿三间，中起佛殿，后为丈室云堂，禅寮客舍，旁则廊庑厨库之属，靡不毕兴。千楹林立，万瓦鳞次。向之土木，化为金碧丹砂，旃檀琉璃，种种庄严，如入众香之国。"香山永安寺独特的园林环境，赢得金代皇室的重视，金世宗、金章宗多次临幸驻跸寺中，游猎香山之地。清水院成为章宗时的八院之一。

元至元二十八年（1291年）统计，大都有庙15所、寺70所、院24所、庵2所、宫11所、观55所，共计177所。

元代大都的寺观中多有园林建置，如大都附廓的长春宫，即太极宫，太祖加以扩建安置长春真人丘处机居住，遂成为全真道的主要丛林之一。该道观规模宏大，在观的后部建置的园林颇具山池花木之美。

位于大都之西冯家里的太乙集仙观，始建于元贞元年（1295年），该地有栗树5000株，观立于栗林隙地，重冈环抱，下有寒泉，旁地衍沃，可引为灌溉。

崇真万寿宫，位于大都蓬莱坊西门外，始建于至元年间，真人张留孙、吴全节相继居此，俗称"天师庵"。正南棂星门入，北高上坛，环植柏松，樾荫肃森。该宫是道教张道陵正一派在华北的第一座大型道观。延祐年间，原开府仪同三司上卿、主教大宗师张留孙置地于大都齐化门外，于至治二年（1322年）建东岳仁圣宫，奉祀"东岳天齐仁圣帝"。环绕宫中石坛，种植有杏树千余株，花开之际，达官显贵，文人墨客宴集，赋诗张宴，极为盛事。元代果啰洛易之诗云："上东门外杏花开，千树红云绕石台。最忆奎章虞阁老，白头骑马看花来。"元代末年东岳仁圣宫毁于战火。

大都城郊外的寺观园林以西山、香山、西湖一带为最多，园林绿化环境，则以大承天护圣寺、香山大永安寺、碧云寺、昭孝寺（卧佛寺）较为出色。

大承天护圣寺位于大都城西玉泉山脚下，始建于天历二年（1329年），至顺三年（1332年）正月落成。此寺建筑规模宏大、华丽。元代曾到过大都的高丽人写的《朴通事》一书中详细记载其寺的园林环境："湖心中，有圣旨盖来的两座琉璃阁，远望高接青霄，近看时远浸碧汉，四面盖的如铺翠，白日黑夜瑞云生，果是奇哉！那殿一划是缠金龙木香柱，泥椒红墙壁。盖的都是龙凤凹面花头筒瓦和仰瓦。两角兽头都是青琉璃，地基地饰都是花斑石、玛瑙墁地。两阁中间有三叉石桥，栏杆都是白玉石。桥上丁字街中间正面上，有宫里坐地的白玉玲珑龙床，西壁间有太子坐地的石床，东壁也有石床，前面放着一个玉石玲珑酒卓（桌）儿。北岸上有一座大寺，内外大小佛殿、影堂、半廊，两壁钟楼、金堂、禅堂、斋堂、碑殿。诸般殿舍不索说，笔舌难写。殿前阁后，擎天耐寒傲雪苍松，也有带雾披烟翠竹，诸杂名花奇树不知其数。阁前水面上，自在快活的是对对鸳鸯，湖心中浮上浮下的是双双儿鸭子，河边儿窥鱼的是无数目的水老鸦，撒网垂钓的是大小鱼艇，弄水穿波的是觅死的鱼虾，无边无涯的是浮萍蒲棒，喷鼻眼花的是红白荷花。宫里上龙舡，官人们也上几只舡，做个筵席，动细乐、大乐，沿河快活。到寺里烧香随喜之后，却到湖心桥上玉龙床上，坐的歇一会儿。又上琉璃阁，远望满眼景致。真个是画也画不成，描也描不出。休夸天山瑶池，只此人间兜率。"

碧云寺位于大都西山聚宝峰下，始建于至顺二年（1331年），

20世纪30年代碧云寺石牌坊

寺院坐西朝东，依山构寺，弥山跨谷，林木繁茂，泉流回环。碧云寺以其庭院的清静幽邃及周围的园林环境，赢得当时文人骚客的赞誉，其寺也以十景闻名大都城。十景即为：环峰叠翠，碧云香霭，曲径通幽，危桥跨涧，池泉印月，洞府藏春，修竹欺霜，奇桧连阶，楼台潇洒，乔松傲雪。碧云寺十景皆以寺院内的松、桧、竹、花等植物景致为胜。

明代，北京寺观建筑逐年而增，永乐年间撰修的《顺天府志》登录有：寺111所，院54所，阁2所，宫50所，观71所，庵8所，佛塔26所，共计300余所。成化十七年（1481年）以前，京城内外的官立寺观，多至639所，民间建置的不计其数。后来继续增加，西山之地风景园林开发形成了高潮。

随着寺观建置的骤增，寺观的建筑制度已趋完善，大的寺观往往是连宇成片的建筑群，包括殿堂、寝膳、客房、园林四部分功能。一般的寺观即使没有单独的园林，也要把主要的庭院加以绿化或园林化。北京寺观的园林经营于明代达到了鼎盛时期，诸多寺观以园林之美和庭院花木而饮誉京城。

崇效寺，在明代天顺年间得到重修。万历十年（1582年），在寺内阁东有台，台后有塔，环植枣树千余株。环境清雅，以枣花之香及枣树之多而闻名。位于西海子桥北的大慈恩寺，旧称海印寺，明代宣德年间得以重建，改名为慈恩寺。寺后设有单独的园林庭园。

位于左安门二里，正德年间由内侍韦霦建的韦公寺及寺内之韦园，以海棠、苹婆、柰子三种奇树闻名京师。

成化二年（1466年），明宪宗为孝肃太后弟吉祥，在原报国寺山门东南之地改建，易名慈仁寺。寺内天王殿前二株古松，低枝曲干，偃罩各十余步，望之如青凤展翅，处其下如山间松棚，六月消夏，尤所宜也。

位于高梁桥西三里的极乐寺，始建于元至元年间，明成化初年得到重修，门外古柳，殿前古松，寺左国花堂牡丹。

正统三年（1438年），司礼太监宋文毅等重建了悯忠寺殿宇。寺院内种植有大量的牡丹，主要分布于庄严亭、方丈室、前院等处。时逢花开时节，到寺中观花之人不辞道远，络绎不绝，堪称盛会。明代郑椒农有词云："牡丹千万朵，煊赫生惊叹，灿若白雪翻，绚若红云团，氄氄绿鹦羽，艳炽丹凤冠，向日舞金鹭，临风翔紫鸾，箔鬟摇秋蝉，重台簇春峦，就中更奇绝，剪裁良独难，有如黄金毯，轻点赤玉盘，千枝尽霞灿，众萼纷星攒，细蕊缀珠玑，清香熟旃檀。"

昌运宫位于广源闸桥南，初名混元灵应宫。正德六年（1511

年），司礼太监张永请于朝敕建，殿宇凡七重，松23株，柏20株，大皆合围，夹以杂树，上枝干霄，下阴蔽地。

兴胜庵，在昌运宫西半里许，地名松林庄。庵始建于万历年间，后有藏经阁，可眺西山，东北有果园，园中有亭曰众芳。亭北砌石，为流觞曲水，其东有阁曰明远。春月桃杏杂发，登阁望之不异锦城花海。惜果园及明远阁于清初皆废。

京师西北郊为传统的风景游览胜地，明代又在"大山如蹲龙，小山如踞虎。烟岚郁苍翠，远近互吞吐"的西山、香山、聚宝山、寿安山、翠微山、卢师山、瓮山、西湖等地兴建了大量的佛寺道观。诸多寺观又以庭院绿化或园林环境之美而闻名。

正统六年（1441年），由太监范弘捐资70余万两，在金代永安寺旧址上建成香山寺。寺院规模宏大，佛殿建筑壮丽，园林占有很大比重。香山寺建筑群坐西朝东沿山而置，有极佳的观景条件，寺院左右和后面都为广阔的园林环境，散置有诸多风景点，其中以流憩亭和来青轩两处最为时人所称道。流憩亭坐落在山半的丛林中，俯瞰寺垣，仰望群峰。来青轩建在面临危岩的

香山寺旧图

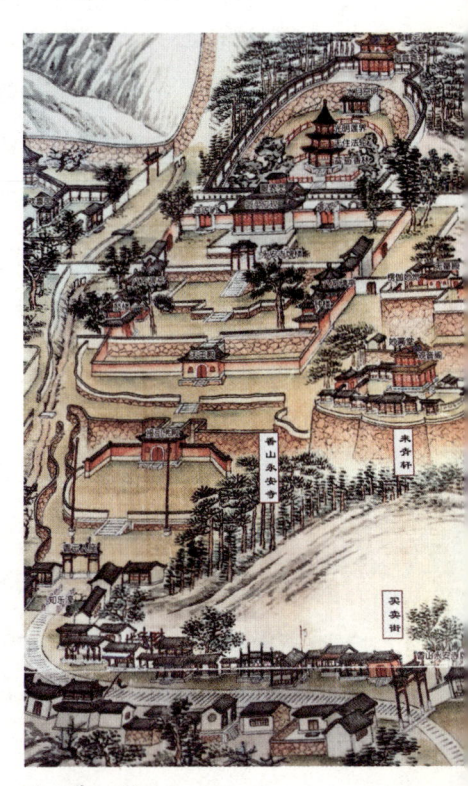

方台上，凭槛东望，玉泉山、西湖及平野千顷，尽收眼底。香山寺前的山坡上曾有种植十万株杏树的记载，郭正域《香山寺》诗："寺入香山古道斜，丹楼一半绿云遮。深廊小院流春水，万壑千崖种杏花。"

洪光寺，在香山寺西北侧山顶，明成化元年（1465年）由太监郑同始建。明代王衡纪曰："洪光寺，入石门路甚修平，可步，古柏夹之，外不见林，上不见巅，枝干交荫，人行道上，苍翠扑衣，日影注射，如荇藻凌乱。可数百步，复折而上，如是者凡十有一，每磴一折，必右俯木末，左瞰绝壁，壁皆骼石为之，岁久若天造，柏从石罅出，多类鬼工。初登一二盘，奇在柏。稍上诸山如螺髻，自柏外见，则又奇。至七八盘，山尽在下，精蓝名墅，棋布绣错，金碧晃耀，日竟屡换，殆无暇问柏奇矣。盘穷为山门，甚精丽。"

洪光寺的奇径及径旁之松、柏，在明代尤得文人墨客的赞咏。《帝京景物略》载："洪光寺，犹夫山夫寺耳。所籞径也奇，径以外不见径也。柏左右茸之，空其间三尺，俾作径。柏有直者干矣，奇在枝横，干不尽修也。枝旁修，干不尽壮也。枝股壮，干有叶，缀焉尔。叶掌掌片片，枝又枝，交生之，干柱焉，枝栏焉，叶屏障焉。人行径中，上丁丁雨者，柏子也。下跄跄碎者，柏枯也。耳鼻所引受，目指所及，柏声光香触也。径而上，百步一折，每尽一折，坐磴手柏息焉。从枝叶隙中，指相语：上指玉华寺，再上指玉皇阁，下指碧云寺，再下指弘法寺。凡折且息，十有八而径尽……"

碧云寺，在香山寺之北，坐落于西山聚宝山下。明代，先后由宦官于经和魏忠贤于正德九年(1514年)和天启三年(1623年),在元代碧云庵的基址上扩建而成。寺后山势旋舞外张,两翼如抱,而寺枕中岗,独收其胜。基之两旁,皆深谷数仞。后山嵯峨,松柏插天。登之则平原一望,举目可见。寺后有卓锡泉,寺僧因之为亭。泉前有御书为沼堂,池畜金鱼万计,大者如鲂,投之饵,可诱以浮,亦奇观也。其他宫殿之巍,器用之备,幡幢之富,田土之广,比之诸寺,特为极盛,盖西山第一盛景。

寿安寺因山得名,俗称卧佛寺。明代卧佛寺历经宣德、正统、成化、嘉靖、万历等朝五次翻建修葺,使规模趋于完整。寺院也因两尊佛像、山泉木石、娑罗树、石松古柏及牡丹花之艳盛,闻名京城。

水源头(后称樱桃沟)之地的景观开发,在明代形成全盛时期,环其山岗岭腹出现了五华寺、普济寺、隆教寺、广泉寺、广慧庵、圆通寺、太和庵等十余座寺观建筑。水源头逐渐形成以寺观为主,山泉、篁竹、红叶、松柏、奇石、野花点缀其间的寺观园林群落。宣德初年东洲禅师在沟内建五华寺,正统十一年(1446年)僧人道深建普济寺,成化六年(1470年)太监邓铿建隆教寺,万历年间兴建了广慧庵、圆通寺和太和庵等寺宇。两山相夹,小径如线,山泉淙淙的水尽头,丰富的植被装点了特有的四季景观。据《帝京景物略》中记载:"观音石阁而西,皆溪,溪皆泉之委;皆石,石皆壁之余。其南岸皆竹,竹皆溪周而石倚之。燕故难竹,至此林林亩亩,竹丈始枝,笋丈犹箨,竹粉生于节,笋梢出于林,根鞭出于篱,孙大于母。过隆教寺而又西,闻泉声,泉流长而声短焉,下流平也。花者,渠泉而役乎花,竹者,渠泉而役乎竹,不暇声也。花竹未役,泉犹石泉矣。石罅乱流,众声渐渐,人踏石过,水珠渐衣,小鱼折折石缝间,闻跫音则伏。于苴于沙,杂花水藻,山僧园叟,不能名之。草至不可族。客乃斗以花,采采百步耳,互出,半不同者。然春之花,尚不敌其秋之柿叶,叶紫紫,实丹丹,风日流美,晓树满星,夕野皆火。香山曰杏,仰山曰梨,寿安山曰柿也。西上圆通寺,望太和庵前,山中人指指水尽头儿,泉所源也。至则磊磊中,两石角如坎,泉盖从中出。鸟树声壮,泉嘈嘈,不可骤闻。坐久始别,曰:彼鸟声,彼树声,此泉声也……"

明代宛平民俗有"四月赏西湖景,登玉泉山游寺,耍戒坛秋坡"的习俗。

玉泉山最早的皇家建筑是金代的芙蓉阁,为章宗避暑处,亦称玉泉山行宫。其山之上经金、元两代遗留下的寺观园林建筑很多,成为观音庵、金山寺、昭化寺、崇贞观、隆佑庵、一笑庵等寺观荟萃之地。正统年间(1436—1449年),明英宗又敕建上、下华严寺,并亲题匾额,嘉靖二十九年(1550年)被蒙古瓦剌军焚毁。寺内及附近共有岩洞五处,洞中有石床可憩息,石壁上石刻颇多。上、下华严寺是玉泉山上一处重要的景观。

圆静寺,在瓮山南坡,面对西湖堤。弘治年间由孝宗乳母助圣夫人罗氏出资兴建。寺踞山临湖,因岩而构,甃为石磴。游者拾级而上。山顶有屋曰雪洞,俯视湖曲,平田远村,绵亘无际。西湖纳玉泉龙泉所潴,汇为半规之浸,当时又称之为西湖景,环湖有十座佛寺,世人名曰西湖十寺。湖中植有莲花千亩,花事尤盛。北岸长堤五六里，堤柳多合抱，龙王庙踞其中，外视波光十里，空灏际天。诸峰在眉睫间，绝无丹青脂粉气。

功德寺，旧称大承天护圣寺。元至正初年（1341年），毁于火灾，明宣德二年（1427年）修葺，改称功德寺。功德寺是兼有行宫性质的寺宇，寺中庭院古木三四十围，半朽腐。若虬蛟出穴，爪鬣撑拏，大皆三四十围。寺两侧皆古松，枝柯青翠，蟠屈覆地，盖塞外别种。寺院外围的环境优美："敕寺百年湖水渍，渚花汀柳尚秋芬。草迎凤辇传前事，柳引龙舟说异闻。驰道逶迤还鹫岭，行宫寂寞下鸥群。太平游幸仍今主，波上重看五色氛。"（王维桢《功德寺游眺》）惜嘉靖中，寺废。唯松柏两行，苍翠无恙。

京师西山层峦叠嶂，明代又添建了数十座寺观，灵光寺、证果寺、大圆通寺、戒台寺、潭柘寺等都得到修葺，形成庞大的寺观园林名胜区。

清代，北京的宗教建筑也很兴盛，佛教、道教、伊斯兰教、天主教等均有建设。在创建的寺院中，著名的有觉生寺（今大钟寺）。清代寺观园林有了进一步的发展。在寺观中，无论是否建立独立的园林，都十分重视寺观内的庭院绿化。不少寺观以古树名木、花卉栽培而名重一时，形成盛大的花事。

雍正十一年（1733年），重修崇福寺，并改名为"法源寺"。它的庭院绿化在当时的京师颇负盛名，素有"花之寺"的美称。法源寺前后一共六进院落：山门之内第一进为天王殿，第二进为大雄宝殿，第三进为观音殿，第四进为毗卢殿，第五进为大悲坛，第六进为藏经阁。每进的庭院均有花木栽植，其中不乏古树名木，有唐代之松、宋代之柏，更有数百年树龄的银杏和文冠果，枝干婆娑，荫覆半院。而最为时人所称道的是满院的花卉佳品，如海棠、牡丹、丁香、菊花等。

法源寺花事大约始于乾隆年间。

海棠为该寺名花之一，主要栽植在第六进的藏经阁前。乾隆时的诗人洪亮吉有诗云："海棠双树忽绝奇，花背深红面复白。岂惟花色殊红白，日午晓霞光尤澈。"直到清末，法源寺之海棠仍十分繁茂，花事经年不断。"悯忠寺前花千树，只有游人看海棠。"（《北京风俗杂咏》）

丁香亦为法源寺之名花，主要栽植于寺中钟鼓楼附近和第三进的观音殿前，以及别院的斋堂僧舍庭院，有白丁香、紫丁香等品种，白丁香达百余株。盛开时节，香飘寺外，文人们几乎每年都要在寺内进行"丁香会"。

牡丹为法源寺的传统名花，主要栽植在第五进大悲坛之后院，僧院中牡丹殊盛，高三尺余；青桐二株，过屋檐。

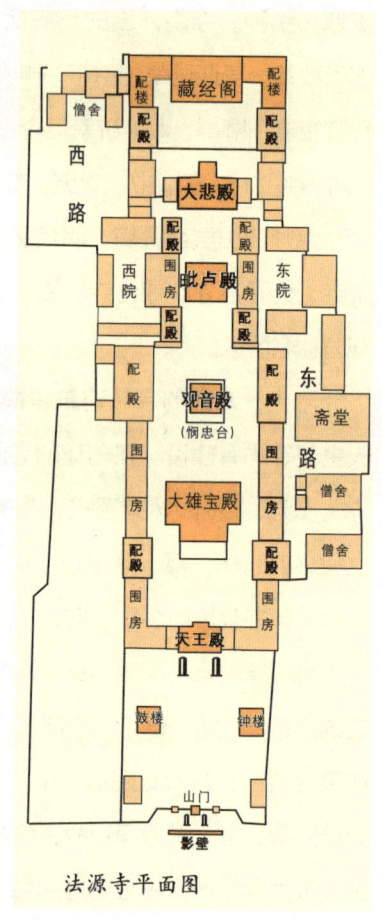

法源寺平面图

法源寺

法源寺菊花亦颇有名气，早在乾隆年间寺内已设"菊圃"培植菊花。嘉庆、道光年间流行的《北京竹枝词》中有吟咏法源寺菊花的："悯忠寺里菊花开，招惹游人得得来。闻说菊仙花更好，不知陶令有何才？"

文冠果亦称文官果，原左右对称栽植在寺内钟楼鼓楼前。花序大而花朵密，春天白花满树，绿叶相衬，花期20余天。清代诗画家罗聘曾赞誉其树："首夏入香刹，奇葩仔细看。僧原期得果，花亦爱名'官'。朵朵红丝贯，茎茎碎玉攒。折来堪着句，归向胆瓶安。"

崇效寺清初仍以枣花闻名，素有"枣花寺"之称。乾隆年间又以丁香花繁盛闻名一时。同治、光绪年间则以牡丹"冠绝京华"。牡丹又以姚黄、魏紫、龙川绿、墨牡丹等精品最为闻名。每逢暮春，各色牡丹奇葩争妍，诗人墨客及百姓纷至沓来，争相观花。

　　白云观坐北朝南，呈中、东、西三路之多进院落布局。其后花园为光绪年间增建而成。后花园，名"云集园"，又称后囿。云集园的戒台东壁上曾嵌有一方石刻《白云观拓修云集山房小引》，上面记载了建园之缘起。云集园院门楣上书刻有"小蓬莱"匾。其整个园林由三个庭院组成：中是云集山房、戒台；东是云华仙馆、友鹤亭；西为退居楼、如香亭、别有洞天。各建筑间以游廊迂回、假山环绕，院中花木繁茂，绿树成荫。中区庭院内云集山房，是全园内主体建筑物和构图的中心，它前面对着中路的戒台，后面为土石假山，假山周围古树参天，登山顶近可望天宁寺之塔，远可眺览西山之群峰。中区庭院东西两侧均有游廊分别与东、西两区庭院连接。西区的"退居楼"前有一个八角水池花坛，八面刻有八卦图案，池中配植莲花。院中湖石假山为此区的主景，山下石洞额曰"别有洞天"，寓

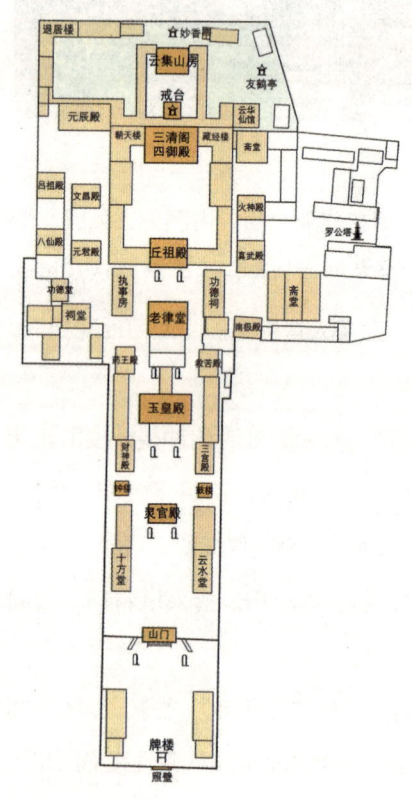

白云观示意图

白云观

意于道教的洞天福地。自石洞侧拾级登山,有碣,南有松山所书"峰回路转";北有尚之所题"凝碧"。山顶之上建有小亭"妙香"作为点缀,兼供游人小憩,环山草木葱郁。东区庭院中亦以叠石假山为主景,山上建亭名"友鹤"。亭旁特置巨型峰石,上镌刻"岳云文秀"四字。假山之南建置了三开间、坐南朝北的"云华仙馆",有窝角游廊连接于中区之回廊。云集园周围墙垣连接,自成一体。园中的亭、台、楼、阁的建置,体现了道家仙界洞府之意境,反映了清代道观园林的特色。

东岳庙的庭院绿化以油松、桧柏、国槐为主,主要院落皆呈对称种植。中院——岱宗宝殿,为东岳庙内最大的院落,树木多

东岳庙岱岳殿

为建庙时栽植，间距 5 米，横竖成行，排列整齐，御道两边为油松、桧柏。碑亭和七十二司掩映于林木之中。主建筑"岱宗宝殿"被树木衬托得更为突出。东岳庙内的东跨院有花园，花园南北长 65 米，东西宽 18.4 米。园内种植着多样花木，木有桧柏、桑、桃、香椿、合欢、枣、石榴、油松，花有牡丹、芍药、藤萝、迎春、西府海棠等。

清代，清圣祖曾三次到潭柘寺游幸居住，并从康熙三十一年（1692 年）秋至三十三年（1694 年）夏，重建和扩建了大雄宝殿、毗卢阁、三圣殿、斋堂、圆通殿、药师殿、伽蓝殿、祖师殿、天王殿、钟鼓二楼、山门、牌楼等建筑，共计 300 多间。为使皇室要人来寺中留宿之便，这次整修中寺内辟修了行宫院。院内有猗玕亭，亦名流杯亭，沿古代"曲水流觞"之习俗而建，地面上设一弯曲石槽，以供皇帝及皇室人员饮酒赋诗。康熙三十六年（1697 年），康熙帝视察了整修后的寺院，为山门额书写了"敕建岫云禅寺"匾，将寺名改为"岫云寺"。康熙三十七年（1698 年），康熙皇帝赐给寺院桂花 12 桶，"龙须"竹 8 扛，将竹子集中种植在寺院内的行宫处。清代文人曾把寺内外风景，定为"潭柘十景"：九龙戏珠、平原红叶、千峰拱翠、万壑堆云、殿阁南薰、御亭流杯、雄峰捧日、层峦架月、锦屏雪浪、飞泉夜雨。

京师西郊的平坡山、翠微山、卢师山之上的寺院园林，清代大部分得到重修扩建。

顺治十六年（1659 年）和康熙十年（1671 年），重修善应寺，改称长安寺。康熙十一年（1672 年），重修了龙泉庵，全庵分上中下三层，共有龙王堂、卧游阁、听泉小榭、妙香院、华祖院等五个院落，院内松高柏巨，如云蔽日。康熙十七年（1678年），修葺了大圆通寺，更名曰圣感寺。康熙五十一年（1712年），重修大悲寺。康熙六十年（1721年），创建了慧云寺。乾隆年间重修了三山庵，此处地势豁朗，视野开阔，纵目远眺，山光景色如在画中。乾隆十三年（1748年），修葺扩建了圣感寺，同时易其名曰香界寺。寺分左、中、右三路，共五进院落。山门殿后为第一进院落，院内广植松柏。第二进院内有古松六株，浓荫蔽日。第三进院落为大雄宝殿，殿前植有娑罗树二株。第四进院落格局与三进院相仿。第五进院落为藏经楼，西侧有禅堂、斋堂等建筑。院内遍植有迎春、牡丹、芍药、海棠、玉兰等名贵花木。此院有旁门与左右两路相通。左路有精舍三间，右路为行宫，为乾隆皇帝游山避暑之所。院中有"眺远斋"，可远望山下平原和依山架石的寺院缀景建筑，院内广有树植，幽雅清新，景致颇佳。乾隆四十六年（1781年），创建了宝珠洞寺院，殿堂二层，临崖而建。其中远眺亭、观音殿连同左右斋堂形成一层院落。观音殿后有一石洞，深

碧云寺金刚宝座塔

广约 5 米，洞内外的岩石如同黑白杂陈的珍珠，晶莹闪烁，故以"宝珠洞"命名。

西山佛寺累百，唯碧云以宏丽著称，而境也殊胜。岩壑高下，台殿因依，竹树参差，泉流经络。碧云寺以其宏丽的庙宇建筑，寺内的园林庭院及外围秀美的山村景色，赢得清朝皇室的重视。乾隆十三年（1748 年）在寺后营建了一座印度式的金刚宝座塔，右路仿杭州净慈寺添建了罗汉堂；左路建造了驻跸之行宫。寺院的园林仍在中轴线的北路，乾隆、嘉庆两朝对其亭、台、水榭多有修缮。

卧佛寺于雍正时期，寺内东西两路的寺宇建筑进行了翻建，很多佛像也进行了重塑。乾隆四十八年（1783 年），进行了大规模的修葺，在寺院西路建造了五重院落的行宫御苑，院中缀以假

卧佛寺三世佛殿

山、流泉、亭、台、榭。第一层行宫院落有宫门三间，为卷棚硬山灰筒瓦顶。第二层院落院北有一个长方形水池，池上架有平桥，池中植有莲花；院南有一座假山，山北陡南缓，院中松柏环立。第三层院落，有北房五间，面阔19.1米，进深7.15米，硬山箍头，卷棚灰筒瓦顶，前带游廊，院中有东西配房各三间。南墙中间为垂花门，至东西配房，设有游廊。第四层院落，有北房五间，面阔19.6米，进深9.8米，为硬山箍头，卷棚灰筒瓦顶，前带游廊，两侧附耳房各两间。院中有叠石假山，植有松柏等树。第五层院落，有南向五间敞厅，面阔22.2米，进深9.3米，为硬山箍头，卷棚灰筒瓦顶，是皇帝纳凉观景之地。院中有一方形水池，池中蓄鱼植莲。寺院的园林绿化，以四柱三间三楼的"智光重朗"牌坊为起景点，穿过牌坊，是矮墙相护长约150米的石砌坡道。道分三路，由柏树分隔，两边较窄，中间稍宽，总宽为16米。中路为过去古道，整个进寺道上植种有50株桧柏（包括矮墙外的），树龄多在六七百年以上，形成了古柏夹道的景观。寺内第一进为山门殿；第二进为天王殿；第三进为大雄宝殿（三世佛殿），殿两侧各植银杏树一株；第四进为卧佛殿；第五进为藏经楼。每进的庭院均有花木栽植。乾隆年间，寺内共存三株娑罗树：两株在天王殿前，东西相对，叶如枇杷，大如掌，有五出如指者，四月开花，丛簇如玉米，绿荫际天，大合抱有奇；殿后一株，则有三围。天王殿前东侧有一株古柏，胸围3米余，高20米余，皮干斑驳，树冠蓊郁，相传为唐代建寺时所植。励宗万《京城古迹考》中称此树为"苍松"。天王殿前右侧檐下，有一丛蜡梅，传为唐代所植，已逾千年，名列北京蜡梅之冠。因几百年前，枝叶曾枯萎过一次，后又复活，故又称之"二度梅"。这株蜡梅，数十条枝干在方圆不到 1 米的地方破土而出，高达两三米。每年 2 月底、3 月初开花，花瓣外层黄色，内层淡紫，香味浓郁。

　　大觉寺的玉兰，久负盛名。南院行宫四宜堂前的两株，是乾隆年间从四川移植而来的，向以"花繁瓣大""玉洁香浓""一干一花刚劲俊逸"而闻名京城；北院的两株玉兰，为光绪年间种植。康熙年间在舍利旁植有一松一柏，虬枝苍劲，郁郁葱葱，树冠遮住塔身，已经形成松柏抱塔的景观。寺内有古树近百株，300 年以上的有 10 余株。无量寿殿前的千年银杏树在明、清两代已名晓京师。它高达 30 多米，树干周长达 7.78 米，为辽代种植。巨冠参天，浓荫如盖。清乾隆皇帝曾为它题诗曰："古柯不计数人围，叶茂孙枝绿荫肥。世外沧桑阅如幻，开山大定记依稀。"寺内古树还有古槐、白皮松、娑罗树、楸树等，种类相当丰富，尤以松、柏、银杏为主的古树遍植寺内，中路殿宇庭院中种植的最多，四季常青，把整个寺院覆盖在万绿丛中。寺内南北两路的庭院还兼植许多花卉，如太平花、海棠、丁香、玉簪、牡丹、芍药等。

　　民国时期，京师内外的寺观园林只是继承前人所有，市政当局在不同时期颁布了《森林保护规则》《古迹古物保存办法》《保存名胜古迹古物暂行条例》《保存寺庙古迹的有关训令》等，对寺庙林木采取了一定的保护措施。但就寺观园林的具体管理，保管文物机关多于行政事务，少于工程管理。"因时制宜，自行厘定"的保存古迹古物的方法，使诸多寺观园林经营乏术，随岁月流逝，渐趋凋敝。

市内的观花寺院，仅以崇效寺的牡丹和法源寺的丁香为主。1913年（民国二年）5月5日鲁迅先生和许寿裳先生同到崇效寺内观赏牡丹。1924年（民国十三年）4月26日，印度大诗人泰戈尔由中国诗人徐志摩陪同到法源寺观赏丁香花。1935年（民国二十四年）北宁铁路局"特开观花专车，游踪所至莫不以一瞻崇效寺牡丹为幸"。法源寺还举办过"丁香大会"，会期繁花如雪，游人如织。

1918年（民国七年），碧云寺成立维持会，寺院仍对游人开放。孙中山先生在北京逝世后，1925年（民国十四年）4月2日灵柩移往碧云寺，安厝于寺之金刚宝座塔的石券内，历时4年。在普明妙觉殿设灵堂，自孙中山先生灵柩1929年（民国十八年）5月27日移出后，即辟为"总理纪念堂"。

民国期间，在西山八大处寺院园林区域内，建成私人别墅27座，大部分环于翠微、卢师二山之上，他们或是由寺院改造而成，或是占用风光秀丽之地建成。

民国时期，樱桃沟也不再为禁地。周肇祥于1918年（民国七年），在樱桃沟插上了自己的"静远堂界碑"，在沟内南坡建造了"鹿岩精舍"别墅，当地百姓称其别墅为"周家花园"；在北坡为自己修建了生圹之地，还在东山坡上立了一座小型白色佛塔。

中华人民共和国成立后，1957年10月28日，市人民委员会发出了《北京市第一批古建文物保护单位名单和保护办法》的通知。由市园林部门管理的寺观园林有十方普觉寺（卧佛寺）、碧云寺、大正觉寺（五塔寺）、西山八大处（长安寺、灵光寺、三山庵、大悲庵、龙泉庵、香界寺、宝珠洞、证果寺）、潭柘寺等。

"文化大革命"期间，园林古建筑遭受破坏，尤以寺观园林更为严重。

1977年以后，市园林部门认真保护寺院文物、修葺寺观古建筑。1980年完成潭柘寺全面整修，1982年完成戒台寺全面整修，1984年完成了八大处全面整修，使古老的寺观恢复了原有面貌。

寺观园林集萃

潭柘寺

潭柘寺位于北京西山的潭柘山，因山有柘树、龙潭而得名。它是北京现存的最古老的寺院，始建于西晋（265—316 年），因而史有"先有潭柘，后有幽州"之说。

潭柘寺示意图

潭柘寺最初名为嘉福寺，寺院规模较小。随着社会的发展，潭柘寺的建筑规模不断扩大。唐代，华严祖师扩建了寺院，并改寺名为龙泉寺，为以后历代扩建寺院奠定了基础。金代通理禅师任寺院住持期间，又开拓山林，进一步扩建了寺院，改寺名为大万寿寺。元代末年，寺院毁于兵火。明代，在皇室资助下，又对潭柘寺进行了重修、扩建。清代，潭柘寺更受重视。康熙三十一年（1692年），清圣祖赐寺名为岫云寺。清圣祖、清高宗二帝都为潭柘寺主要建筑题写了大量匾联，以示恩宠。在北京的园林史上，潭柘寺不仅以其建筑历史悠久，更以所藏经卷文物之巨、寺院建筑之宏伟而闻名。

潭柘寺背依宝珠峰，面向群山，周围茂林拥簇。山下有塔院，竖历代住持僧灵塔几十座，是北京寺院中面积最大的塔林。塔院以上，即山麓间旷处有牌坊，上书"翠嶂丹泉""香林净土"，是清高宗御笔。其左右有古松二株，枝叶掩映，相互搭拢。过牌坊

潭柘寺

有石桥，为怀远桥。然后即是山门，面阔三间，明间正中镌清圣祖御笔书额"敕建岫云禅寺"。山门两侧影壁墙上嵌琉璃大字，左为"佛日增辉"，右为"法轮常转"。山门之内依次为天王殿、三圣殿、毗卢阁。东部有方丈院和行宫。西部有楞严坛、戒坛和观音殿。

潭柘寺古木众多，三圣殿前银杏的树龄已逾千年，干可七人合围，枝柯丛生，清高宗封为帝王树，与之相对处又有配王树。寺中还有卧虎松、盘龙松、事事如意柏、登天柏。寺中的"金镶玉"和"玉镶金"两种名竹，是康熙三十七年（1698年）清圣祖所赐之物，今犹青翠晶莹。

清代以后，潭柘寺有九龙戏珠、锦屏雪浪、雄峰捧日、层峦架月、千峰拱翠、万壑堆云、飞泉夜雨、殿阁南薰、平原红叶、御亭流杯等十景。潭柘寺周围又有烟霞庵、明王殿、歇心亭、海蟾石、观音洞、紫竹禅院等景观。

中华人民共和国成立后，1956年市园林局接管潭柘寺，即组织人力清理了寺内垃圾，整洁了寺院环境，并将寺内文物进行注册登记。当时因整修资金不足，故将寺内大悲坛、写经室、楞严坛院、西南斋、安乐堂等出租给北京第三医院作为疗养院，以租养寺，维持古建筑原状。

"文化大革命"初，寺内大量的佛像、石碑、文物等都受到破坏，一些古建筑也被拆毁，损失严重。1973年至1974年，园林职工自己动手修复了流杯亭。但1975年，在"修不了就拆，拆了东房补西房"的错误思想指导下，拆除了大铜锅的罩棚、山门西跨院、楞严坛和戒坛的几十间配房，以及少师静室、龙王庙等古建筑，使潭柘寺又遭受到一次不应有的损失。

从 1977 年起，市园林部门对潭柘寺进行了全面的修缮。潭柘寺前牌坊西侧仅存的柘树，修复时用石栏加以围护。山门正中，康熙御笔雕龙石匾，恢复了原样。山门殿后面的绿琉璃瓦天王殿，殿内供有弥勒菩萨化身像和韦驮、四大天王像，均按原像尺寸重塑。天王殿后的大雄宝殿，在建筑规模上居全寺建筑之首，维修后的大殿仍保持了重檐式木结构，殿顶为绿琉璃黄剪边屋面，梁栋用金龙和玺彩画修饰，殿周围以汉白玉石雕栏环绕，整座建筑高大雄伟，富丽堂皇。

大雄宝殿后面的三圣殿和斋堂前后原有 10 间房，为勾连搭硬山式建筑，1965 年因结构危险而被拆除，使大雄宝殿与毗卢阁之间形成一个宽敞的庭院。院内生长有松、柏、探春、玉兰、蜡梅、娑罗树。两棵古银杏树在修整寺院时增建了防护石栏。

寺内中路最后一座建筑是毗卢阁，为两层硬山式木结构建筑。毗卢阁屋面造型新颖，别具一格。整修时将廊子按原样收进，进行了统一装修，在阁下层新塑制了五方佛，恢复了清代大书法家励宗万手书的对联。修复后的毗卢阁更显古雅。

紧傍毗卢阁有一延寿塔，为印度式砖塔。整修时涂饰了塔身，并加固了塔前的凤尾古松。延寿塔上方的观音殿及观音殿东侧的文殊殿、西侧的龙王殿，也都在整修时分别进行了修缮油饰，恢复了殿内文物。

修复工程中，还对西路的戒台殿和东路的行宫院、御茶房、财神殿、方丈院等进行了全面修缮。整修后的庭院古朴典雅，竹影摇翠，泉声潺潺，景色清幽。

此外，还油饰了寺后观音洞前的明王殿，刻制了洞中的观音石像，整修了泉水相汇处的歇心亭，修建了龙潭边的石栏，恢复了流泉。

潭柘寺上、下塔院，仍保留着金、元、明、清历代的 75 座墓塔。除葬埋潭柘寺的僧尼外，还葬有其他寺庵的僧尼及外国僧尼。这些古塔是潭柘寺古老的象征，也是研究历代僧尼塔形制式的珍贵资料。为了保护好这些历史文物建筑，在塔院内增建了甬路、散水，拆砌了残垣断壁，使塔院更显古色古香。1980 年 7 月，潭柘寺正式对外开放。修缮后的潭柘寺，以其更加壮观的雄姿展现在人们面前。

2017 年，潭柘寺面积 121 公顷。

戒台寺

戒台寺位于西郊马鞍山麓，始建于唐武德五年（622 年）。

戒台寺原名慧聚寺，后因寺中有戒坛而通称戒坛寺。清代又因乾隆帝亲题"戒台六韵"诗而得名戒台寺，是北京现存最古老的寺院之一。戒台寺以寺内戒坛和形态各异的古松而闻名，其戒坛的规模在全国三大戒坛（北京戒台寺戒坛、杭州昭庆寺戒坛和泉州开元寺戒坛）中居首，故有"天下第一坛"之美誉。

唐代慧聚寺规模很小，到辽咸雍六年（1070 年），法均高

戒台寺

僧肇建戒台，自此寺名大振，法均也被朝廷封为"守司空"。元代月泉法师又"增修产业，开拓山林"，并整修寺院。元末明初，戒台寺毁于兵火。明宣德九年（1434年），皇室重修寺院，奠定了戒台寺院的布局。后经成化、嘉靖、万历三朝大修，使戒台寺更臻完善。清代对戒台寺倍加重视，清圣祖还为戒台寺定下了保护整修的敕谕。清代增建了真武殿、观音殿、洗心殿等，并在寺东建成了塔院。

清代后期，恭亲王奕䜣被慈禧革去议政王和军机大臣的职务后，从光绪十年（1884年）至光绪二十年（1894年）间，到戒台寺中"养疾避难"。10年中，由奕䜣出资，对罗汉堂和千佛阁进行了整修，在千佛阁后营建书房三间，作为读书吟诗，修身养性之所。奕䜣居住在乾隆时期的行宫牡丹院，也对该院进行了大规模的整修，并亲题额为"慧聚堂"。牡丹院，在千佛阁之北，为康、乾时期作为行宫而建置的，原称"北宫"。牡丹院坐北朝南，分内外两重院落。第一进院落，迎门是一座太湖石堆砌的假山花坛的大影壁，院内西侧借山势叠石为景，上种植有花草，盘绕石阶可攀登而上。东南两面有十余间带有曲尺形回廊的房屋，为皇宫侍从居室。里外院之间有一座油漆彩绘的重花门相沟通，门额挂有恭亲王奕䜣于光绪十七年（1891年）手书"慧聚堂"的匾额。第二进院落，是一个宽绰的四合院，花木遍地，绿树成荫，假山湖石点缀其间。院中四面房屋皆有回廊相连，雕梁画柱，文采风

戒台寺戒坛殿

流。院内四角建有太湖石或花木组成的花坛，各自成景。整个院落的布局采用了屋宇建筑与园林造景相结合的构思。牡丹院有北房五间，东西两厢各三间，正厅的后面安装有雕花木门，房后用太湖石垒成靠山影壁，并点缀花草。庭院之中种植有各种名贵牡丹，其品种多为奇特的千层牡丹。除白、红、粉色外，还有罕见的黑色牡丹及恭亲王栽植的绿牡丹。院内还有三棵逾百年的丁香树，每株树荫覆盖面积达数十平方米。牡丹院以其清馨幽雅的庭院园林景色，构成了戒台寺最美的景观。

民国以后，戒台寺逐渐衰落，大批文物丢失，古建筑被毁。

中华人民共和国成立后，戒台寺为学校占用，寺内房屋被改建，佛像被拆除，大雄宝殿改为礼堂，佛座改成舞台。1959年交给市园林局管理。

"文化大革命"中，戒台寺仅存在山门内的三尊佛像被砸毁，金属的炉、鼎、钟、佛等也都被处理掉，匾额、石碑也遭破坏。

1981年，戒台寺开始全面修复。

戒台寺坐西朝东，寺院建筑随山势高低错落有致，在平面布局上主要分布在南北两条轴线上。南轴线（即中轴线）上排列有山门殿、天王殿、大雄宝殿、千佛阁（遗址）、观音殿等古建；北轴线前部有辽塔两座，后部为戒坛建筑群。两轴线间有牡丹院、南宫院。寺院的南部是一些散落的庭院。

处于中轴线上的南配门，是游人首经之处，因多年失修，基础下沉，墙身开裂，屋顶漏雨，在此次整修中进行了落地重修，并拆砌了基础、山墙，配制了大门，进行了装修，并把"戒台寺"

三字漆金匾重新做了油漆彩绘，使南配门脱旧还新。

过南配门后即到山门殿。在山门殿的整修中，挑修了檐头，下架做了油饰，配制了斗子匾，并复制了哼、哈二将两座塑像。两尊像为泥质彩绘，瞠目俯视，栩栩如生。整修后的山门殿，四面红墙相环成院，院中古松参天，浓荫铺地，五座精雕细刻的明碑与红墙碧瓦交相辉映，显得古雅清幽。

山门殿后是天王殿和钟、鼓二楼。整修中对这组古建筑进行了挑修，修复了天王殿斗子匾，做了油饰，并将院中幡杆座进行了归安，在天王殿中塑制了四大天王等佛像。

天王殿后面的大雄宝殿，是全寺毁坏最严重的一组古建筑。这次整修时完成了挑顶，拆砌了南山墙，更换了琉璃瓦，归安了月台，对整个古建筑重新做了油饰彩绘，还翻修了南北配房，使整组建筑面貌一新。

此外，在这次整修中，还拆配归安了大雄宝殿后的台阶和千佛阁的台基、月台及月台前向两侧延伸的石栏杆，挑顶整修了观音殿，使中轴线上的各组建筑更显严整。

戒台寺北轴线前部有两座砖塔，靠南的一座是辽代高僧法均的衣钵塔，北边的为法均墓塔，始建于辽大康元年（1075年）。二塔均为六角密檐式砖塔，有较高的文物价值。因年久失修，塔刹脱落，塔基损蚀严重。在整修中清除了塔上塔下的杂草野树，修整了塔身、密檐和塔刹，将基座按原样进行了复原并做了旧。法均墓塔前有一座建于辽大安七年(1091年)的石碑，因基座下沉，碑身倾斜。整修时重新做了基础，并将碑与赑屃提起安装摆正，

戒台寺古松

使这座近千年的古碑较好地保存下来。

　　戒坛亦称选佛场，是寺中建筑之精华。戒坛呈长方形整体布局。戒坛大殿位于中央，大殿前是明王殿，后为大悲殿。戒坛殿是一座典型的重檐盘顶与四角攒金顶相结合的木结构建筑，高20多米，建筑面积676平方米。整修中采用了附抱柱、偷梁换柱等方法，使大殿免于全部挑殿，既节约了资金，加快了施工进度，又保护了文物原貌。

　　戒坛殿内中央是戒台，为三层"品"字形青石台，建于明正统年间，雕饰细腻，保存完好。台上的铜造释迦牟尼像曾于1973年调运到浙江国清寺，1982年整修时按原像尺寸重塑了泥质漆金像。像前按"三师七证"的位置配制了紫檀木椅和供桌。按原样恢复了戒台每层台壁上的佛龛，共计 113 个。1984 年又恢复了所有龛中的戒神，并于台后立了一块石碑，上刻"戒荤酒入山门"几个字。

明王殿是三间歇山木结构建筑，曾进行了全面整修。

"潭柘以泉胜，戒坛以松名"。戒台寺内有许多形态各异、树姿奇秀的古松，这是寺院闻名于世的精华。寺内有名的古松有抱塔松、九龙松、莲花松、卧龙松、活动松、自在松等。整修时对寺内古松柏都进行了修剪，做了渗井，围砌了栏杆，并为九龙松、抱塔松、卧龙松和活动松添配了石栏板，做了妥善保护。

此外，在整修中还进行了游览服务设施等的建设。经过几年的修复，戒台寺于 1982 年正式对外开放。

2017 年，戒台寺面积 4.4 公顷。

戒台寺戒台

八大处

八大处位于北京西山，因有八座古刹错落分布于翠微、平坡、卢师三山而得名。这八座古刹分别建于隋（八处证果寺）、唐（二处灵光寺）、元（四处大悲寺）、明（一处长安寺）、清（五处龙泉庵）等各个朝代。八座庵寺位居群山之中。这里林深泉清，景致清幽，是北京的著名游览胜地。

一处长安寺又名善应寺，因位于翠微山麓，也称翠微寺。明弘治年间（1488—1505年），在唐代圣感寺故址建成，清代康熙年间重修。长安寺依山拓筑，室宇间旷，寺中有元代所植白虎松两株。

二处灵光寺，位于翠微山东麓，始建于唐大历年间（766—779年）。初名龙泉寺，金代重建改名觉山寺，明成化十四年（1478年），重修改名灵光寺。灵光寺临峭壁而建，傍壁有池，池水清澈，池中蓄养金鱼，有数百尾，最长者尺余。池上有水心亭，水中水莲浮摆。池旁有归来庵，又有翠微公主墓，还有观音洞和石井等景观。灵光寺中佛舍利塔，原为辽咸雍七年（1071年）建成的画

八大处佛牙舍利塔

像千佛塔。

三处三山庵，位于翠微、卢师、平坡三山之间。三山庵仅一进院落，正殿前陈白石画屏，其纹理如山如水，又如烟云花鸟，为三山庵一奇。庵中有敞轩，可赏翠微山无限风光，景名"翠微入画"。

四处大悲寺原名隐寂寺，始建于元代。清康熙五十一年（1712年），重建后改名大悲寺。乾隆六十年（1795年），再度重修。前后殿宇三重，寺内有翠竹、青松，银杏为元代遗存，树高20余米，树干三人合抱，枝繁叶茂。寺中元代名匠刘元所塑的十八罗汉，形态各异，栩栩如生。大悲寺环境幽雅，景色宜人，正如明代《重建大悲寺碑》所记"地直圆通，翠微之界，山势至此，冈垄盘回，风气郁积，有林木泉源之胜"。

五处龙王堂又名龙泉庵，位于大悲寺西北，建于清康熙十一年（1672年）。寺东向，二进院落。寺中有清泉小榭，龙王堂前石座上双柏有"旗柏"美誉。寺前有冰川遗迹，为一巨石，石上"冰川漂砾"为李四光手迹。

六处香界寺，位于平坡山上。始建于唐代，初名平坡寺，明洪熙元年（1425年），重建成改为大圆通寺。清康熙十七年（1678年）重修，赐额圣感寺。乾隆十三年（1748年）再修后改为香界寺。香界寺是八大处中规模最大的一座寺院，殿宇依山而建，有大雄宝殿、天王殿、钟鼓楼、藏经楼。寺东有清帝行宫，庭间植有迎春、芍药、牡丹、海棠等花木，又有白玉兰为明代遗物。香界寺中的"油松王"为宋代所植，长干虬枝，冠如华盖。

七处宝珠洞，位于翠微山顶，始建于清乾隆四十六年（1781

年）。其地原为一个石洞，洞壁为石质砾石胶结岩，状如黑白两色珠子而得名。宝珠洞前临京西平原，远眺永定河、卢沟桥、万寿山、昆明湖及京城诸景，一览无余。

八处证果寺，位于卢师山下，为隋代卢师和尚创建，初名尸陀林，唐代改为感应寺，明代易名证果寺。寺东北的"秘魔岩"即卢师和尚初到此地时修行之所，现尚存石室、石巢、石床等物。寺中的楷树被誉为"北京古黄连木之最"。

八大处自隋代卢师和尚创建尸陀林以后，逐渐成为北京著名寺院群落。至清代最终形成不即不离、相络相互的八处寺院。其地峰峦叠翠，奇石嶙峋，又有泠泠流泉，丛生林木，诸多古迹、景物，使其闻名遐迩。明代以来，八大处一直是游人流连忘返之地，清人龚自珍赞其"杂华靡靡芬脥"，又誉"翠微之松，天地间不可无是松也"。当时八大处有绝顶望远、春山杏林、翠峰云断、卢师夕照、烟雨鹃声、雨后山洪、水谷流泉、高林晓日、五桥夜月、深秋红叶、虎峰叠翠、层峦晴雪等12景。

光绪二十六年（1900年），义和团曾在灵光寺内设坛，与入侵京师的八国联军作战。同年8月26日，侵略军用炮火轰击了寺院。灵光寺后有画像千佛塔，绕塔基有铁灯龛十六座。塔内安放有佛牙。塔遭炮击塌毁，仅留下塔基。以后在清理瓦砾时发现一个石函，函内是沉香木匣，匣里有"佛牙"一颗，匣上分别题有"释迦佛灵牙舍利"和"天会七年四月二十三日"字样以及梵文经咒。佛牙一直保存在灵光寺内供奉。

民国初年，英国驻华公使租借了五处龙王堂。从此，八大处逐渐成为消夏避暑之地，先后建有别墅27处。

中华人民共和国成立后，园林部门将八大处整修后对外开放。1957年，市人民政府将八大处列为市级文物保护单位。

1958年，中国佛教协会在二处灵光寺北院重建高51米的八角十三层密檐塔。1964年6月25日，中国佛教协会在八大处二处举行佛牙塔开光典礼。

"文化大革命"中，八大处遭到破坏，墙倒屋塌，文物丢失；绿地被占，私划禁区。五处龙王堂"龙"去堂空，七处宝珠洞面目全非。

1978年以后，市园林部门对八大处进行了综合整治，恢复山前牌楼，修建山路。1981年，修复四处大悲寺。1983年，修复二处灵光寺和六处香界寺。1984年，复建龙王堂。以后又陆续修复一处长安寺、三处三山庵、七处宝珠洞和八处证果寺。

1989年，公园又利用翠微、卢师、平坡三山终年不竭的流泉，截水成湖，并沿湖岸及山坡种植松、柏、槐、柳、枫及各种花木，树影映于水面，宛如天然图画，命名"映翠湖"，并有飞流瀑布、平湖叠水、山间小溪等景观。

2001年在佛牙舍利塔北侧新增了"心经壁"和"罗汉墙"。心经壁宽30米，高7米。基座是花岗岩，墙面为青白石，顶部以绿琉璃瓦覆盖。中国佛教协会原会长赵朴初亲笔书写的《般若波罗蜜多心经》恭刊于经墙之上。罗汉墙建成于2004年初，此墙宽25米，高8.35米，通体为花岗岩雕砌，刻有五百罗汉图。

2017年，八大处公园面积253公顷。

碧云寺

碧云寺位于西山聚宝峰，原为金代玩景楼旧址，元至顺二年（1331年），建碧云庵，明正德九年（1514年）和天启三年（1623年），两次扩建，改名碧云寺。

碧云寺依山而建，坐西朝东，六进院落纵贯东西轴线，各组殿宇层层升起，布局严整壮观。背靠西山，南邻静宜园，周围松柏葱郁，涧泉潺潺，环境优美。

碧云寺寺内园林集中体现在以泉水点缀的院落，卓锡泉源于寺后崖壁石缝中，导入水渠，流经斋厨，绕长廊出侧殿之两庑，再左右折复汇于正殿前的石砌方池，池内养有金鱼千尾，供游客观赏。山泉源头有奇树瘿柳，柳左侧立有万历皇帝御题"水天一色"三楹之堂，堂前临荷沼，沼南修竹成林，岩下的"啸云"之亭等景致形成幽静的园林庭院。寺外环境颇具园林色彩，"鸟道千盘迴，羊肠一径斜。年年二三月，红杏碧桃花。"（陆深《碧云寺》

碧云寺示意图

诗）碧云寺金碧鲜妍，宛一天界。故有"西山兰若，碧云香山相伯仲""西山一径三百寺，唯有碧云称纤秾"及"香山古，碧云鲜；碧云精洁，香山魁恢"等说法。

清乾隆十三年（1748年），进一步扩建碧云寺，并于寺后墓圹旧址建金刚宝座塔，寺左建罗汉堂，寺右建行宫院。

1925年（民国十四年）3月12日，孙中山先生在北京逝世，4月2日灵柩移至碧云寺，安厝寺内金刚宝座塔的石券内，放置4年。1929年（民国十八年）5月27日灵柩移出后，普明妙觉殿辟为"总理纪念堂"。纪念堂三开间，前面出廊。民国时期，殿堂的正中安置孙中山遗像，像前放置花圈，内壁书有"总理遗嘱"，并展出遗物。殿前植有松、柏、银杏、娑罗树。

民国期间碧云寺成立维持会，之后有中法大学、陆谟克学院、西山中学、西山天然疗养院、农林试验场测候所等单位陆续进驻寺院，利用寺院兴办学校或其他文化事业。当时得到各官厅嘉许，被誉为"保存古物之中又兼理国际文化之性质"的先进措施。碧云寺虽然进驻了各院校等单位，寺院依然对游人开放，参观之处有罗汉堂、塔院、水泉院等地，只是不准游人进入室内。碧云寺维持会对严重失修的殿宇进行了一些修缮工程，对寺院之建筑及园林植物起到了一定的保护作用。1934年（民国二十三年），寺内的罗汉堂和金刚宝座塔等建筑被列入一期文整计划，其后三年内得到了修缮。但由于进驻单位复杂，缺乏组织管理，散漫无方，失于控制。中法大学为解决校舍问题，陆续将寺内七十二司等处神殿百余间的神像全部拆毁掩埋，又将寺内关帝庙、山神庙各殿佛像全部拆毁,略加修葺,改作校舍。弥勒殿两厢为西山中学校舍,藏经阁为图书馆。正殿为讲堂,两厢皆为北平研究院测绘组占用。除此外,碧云寺内还建有"西山天然疗养院",病舍分散在碧云寺内及静福寺中。

中华人民共和国成立后,市人民政府拨专款整修碧云寺的孙中山纪念堂等建筑,1954年9月12日正式对外开放。

"文化大革命"中,碧云寺的山门殿、大雄宝殿中明代雕塑的佛像被毁,于1971年8月停止开放,1977年重新开放。

园林部门从1980年开始修复工作。1982年11月至1983年11月投资22.6万元,完成了对碧云寺殿堂、禅堂院、菩萨殿、释迦牟尼殿等挑修工程,对其他建筑也进行了油饰彩画。

1980年至1985年对寺北路古建筑进行景区改造,恢复了水泉院内清静心三开间抱厦,重新塑造了普贤、文殊菩萨像和三世佛像。从1987年开始,碧云寺进行全面绿化,植树3583株,铺草5260平方米,对寺内394株古树采取了保护措施,并对罗汉堂进行整修,改善了罗汉堂内外环境。1989年,投资30 000余元,请湖南省民间艺人对罗汉堂内50余尊罗汉进行了整体整修,对400余尊罗汉进行了局部整修。

1989年,整修金刚宝座塔,改造塔院景区。同年5月1日,开始正式开放。

2017年,碧云寺面积7.67公顷。

宅 园

北京是辽金元明清历代都城所在，不但皇家园林鼎盛，而且出现过大量的私家宅园，形成独立的造园体系，地方特色鲜明，取得了很高的艺术成就，是北京古典园林的杰出代表。北京宅园绝大多数都与府邸住宅结合紧密，兼有"傍宅地"的性质，宅与园二者功能互补，空间相通，便于往来起居游观。北京宅园的建造上选择水体、假山、花木或亭台楼阁为主景并充分考虑外围环境的借景，营造出各自独特的景观效果。

清代北京地区私家园林众多，北京城内有许多王府一般建有附园，即有王府花园几十处，王府花园是北京私家园林的一种特殊类型，按照不同品级，花园的建制亦不相同。在北京城外西北郊海淀一带，一些王公贵族和官僚也建有不少颇具规模的园林，在京城内外也有不少建造私人宅园，清代北京地区的私家园林约有一百五十余处，有的仍比较完整地保存至今。

宅园概说

史籍所见北京最早的宅园,是建于辽会同三年(940年)以前的赵延寿"别墅"。

金代的宅园有刘公子在御园西北隅所筑小圃——临锦堂。引金沟之水,渠而沼之,竹树葱茜,行布棋列,嘉花珍果,灵峰玉湖,往往而在。构堂其中,名之曰临锦堂。元好问为之作《临锦堂记》。还有文人王郁隐居之钓鱼台。王郁闭门读书,不接人事,其后潜心述作,未尝轻求人知。

元代有宅园二十余处,主要分布在大都西南草桥与丰台之间。多以亭为园名,以池沼为主景,以堂为主体建筑,周植花木,有松、柏、榆、柳、梅、杏、牡丹和荷莲。

廉园为廉希宪别墅,在旧南城彰义门内,园内以万柳堂著名,故又称万柳堂。有池数亩,构堂池上,绕池植柳数百株。池中多莲,夏日柳荫莲香,风景可爱。园中有名花几万株,号为京城第一。

玉渊亭,据《析津志》记载:"在高良河寺西,枕河墺而为之。前有长溪,镜天一碧,十顷有余。夏则熏风南来,清凉可爱。"

匏瓜亭位于大都城东南,为赵参谋禹卿所建的别墅,又名东皋村。据《帝京景物略》记载,园中除匏瓜亭外,还有幸斋、东皋村、耘轩、遐观台、清斯池、流憩园、归云台。匏瓜亭不大,"不过寻丈",却颇能吸引士人游赏兴致,"士大夫竞为歌、诗,吟咏叹赏,长篇短章,累千百万言犹未已"。

葫芦套位于大都南城,即原金中都城内,当即金宫城之鱼藻池。金亡后,御苑荒废,为元枢府相君占为私园。其中楼台掩映,清漪旋绕,水花馥郁,其景色堪称人间天上,仍不减当年。

玩芳亭在大都城南,为元栗院使之别墅。亭多花草,又有河、池,景色如画。

道士吴全节从江南移来梅花栽于漱芳亭。董定宇杏花园植杏千株,树木繁盛,春日灿烂如锦。张九思的遂初堂,绕堂花竹水石之胜,甲于都城。

明代有宅园 60 余处,主要分布在泡子河、积水潭、金鱼池和海淀丹稜沜等水域附近。

泡子河南岸有方家园、张家园、房家园;北岸有张家园,傅家东、西园;西有杨氏泌园。

太师圃位于德胜桥附近,为定国公徐增寿子孙的宅园。太师圃是明代积水潭地区创建最早的一座园亭,且规制也最为质朴。墙不粉饰,地不修砌,只有老屋三间,榜曰太师圃。自三字外,额无匾,柱无联,壁无诗片,更别无其他亭阁。所植树木不求名花佳果,也不讲求对称搭配与行列整齐。园内满布芦苇,犹如荒村山斋。

镜园位于积水潭南,为孝廉刘伯世别墅。园内临湖有曲折小路,园门口有一高台,站在台上眺望西山,青翠可鉴;从台上望湖水,湖光如镜,故名镜园。后来镜园归冉都尉所有。

刘茂才园位于积水潭南。园内有北房三楹，房前有朱栏小径，北轩二楹，轩南有一小小的莲池。园中还有一座书房，上建平台。此园地居湖中，为南北最高处，故所揽景色与它园不同，独具幽胜。

英国公新园位于银锭桥旁。园内建筑物不多，仅一亭、一轩、一台。但园之四周风景极为壮丽。三面临水，一面为古木古寺。园亭对面为银锭桥，桥上的行人，在园中分明可见。南望皇家禁苑万岁山；西眺连绵不断的西山，千峰毕露，层层弯弯，晓青暮紫；东有稻田连畦；北望树木葱郁，居民稠密，炊烟缕缕直接云天。

武清侯李伟所建清华园在海淀丹稜沜。园广约十里，内有挹海堂、清雅亭、花聚亭、飞桥、水阁、叠石、百尺高楼。楼上起平台，可览玉泉诸胜。园中柳堤约二十里，名花千万计，有柳林花海之誉。西北水阁，叠石激水，形如帘，声如瀑，有幽谷飞瀑之胜，是北京宅园中最早的瀑布水景。

米万钟营建三园：湛园在长安之苑西，有室如舫；漫园在积水潭东，有梅花亭；勺园在清华园之东，园地约百亩，绕以周垣，高额曰风烟里。勺园入门有石径，高柳成行，绿茵如毡。南有水池，上架高拱板桥，形如屋脊，取名缨云。桥下一墙，上嵌巨石，刻"雀滨"二字。折而北有一大型水池，名文水陂。池旁设书斋，取名定舫。舫以西有冈阜，松桧环立，名为松风水月。阜之尽头有曲桥，桥北建高大的勺海堂，堂前遍置怪石，堂右有屋如舫，名太乙叶。堂东为一片竹林，翠葆楼耸立其间。林边有一座林淤滋碑。勺园以清幽取胜，满园尽水，间有长堤大桥，幽亭曲径，芙蓉映水，百花争艳。米万钟常与宾客泛舟游湖，饮酒咏诗。米万钟亲绘《勺园修禊图》，是现在仅存的明人所绘的明代园林图。

梁家园位于外城南城。梁家园一带，富有野趣的自然风貌，林木溪水随处可见。梁家园充分利用了当地的自然环境，引凉水河之水入园之中，在傍湖临水、林木掩映之中先后建有疑野亭、半山房、朝爽楼、警露轩、看云楼、晴云阁等建筑。园中植牡丹、芍药几十亩，"花时云锦布地，香冉冉闻里余"。

李皇亲新园位于崇文门外东晓市街路北，因在海淀别有李皇亲园，故此处称作李皇亲新园。据《帝京景物略》记载，李皇亲新园因系疏浚三里河故道而建，"园遂以水胜"。园中筑亭状如梅花，还有饭店、酒肆、典铺、饼炸铺等建筑。于亭中四望，一目皆水。"亭如鸥，台如凫，楼如船，桥如鱼龙"，犹如水上仙境。

月河梵苑位于朝阳门外苜蓿园之西，为僧人道深之别院。道深通儒书，宣德中住西山苍雪庵，赐号圆融显密宗师，自称苍雪山人。后归老，营月河梵苑以自娱。月河梵苑"池亭幽雅，甲于都邑"。

惠安伯园位于西直门外嘉兴观西二里，为惠安伯张元善所营。自言经营四十余年，精力半疲于此。该园以种植牡丹著名，堂后植牡丹数百亩，花的名称、种类各有标记，花的颜色和花心、花瓣等多有变种。牡丹圃中夹种十分之一的芍药，约十万余本，同牡丹花互为早晚，还植有海棠三十余本。花丛之中，构有敞亭。墙外，还有地数十亩，亦遍植牡丹。花开时节，都城左近之人无不前往观赏。袁宏道有《游牡丹园记》。

万驸马白石庄位于西城外白石桥之北，是一处以柳取胜的宅园，庄所取韵皆柳。亭、台、爽阁、荷池，皆以柳环之；堂三楹，踞竹篱之内。庄内还有芍药牡丹圃、郁岗亭、翳月池以及古松和老槐。白石庄"台榭数重，古木多合抱，竹色葱茜，盛夏不知有暑""近郊园亭为第一"。

明代宅园花木，发展到竹、松、柏、梧桐、槐、柳、榆桑、楸、朴、牡丹、碧桃、梅、杏、梨、海棠、石榴、芍药、苹婆、柰子、杜梨、兰、荷、菊等。明代注重古树、花木，甚至蔬菜，创造野趣。成国公适景园的古槐，树干比半间屋子还大，树冠嵯峨如山；韦氏别业的古柰子树，枝叶纷披，覆盖数亩，春时花开，望之如雪，树下空阔可容数席；袁伯修的抱瓮亭以蔬菜入庭园，空地皆种蔬菜，宛似村庄。

清代有宅园160余处。清代各朝皇子公府所居的府邸及清初战功显赫的六家亲王和两家郡王的王府，因袭相承遍布京城。王府花园成了北京宅第园林的一个特殊类型。据《道咸以来朝野杂记》记载："京师园林，以各府为胜，如太平湖之旧醇王府、三转桥之恭王府、甘水桥北岸之新醇王府，尤以二龙坑之郑王府为最

恭王府花园水座

有名。""闻当年履亲王府之园亦甚美，以地处东北隅，荒废已久，后遭回禄，一切皆毁，久付之荒烟蔓草中。"

郑亲王府花园位于西城大木仓胡同。郑亲王为清朝开国元勋。府邸建于顺治初年，占地广阔，建筑巍峨。花园在王府的西部，名惠园，为乾隆年间德沛袭王位后兴建，是当时著名的园亭之一。据《清稗类钞》记载，至德济斋袭简亲王爵之时，邸库储银数万两，因而对惠园大肆进行营构，故郑邸园亭最胜。惠园园内引池叠石，饶有幽致。园后为雏凤楼，楼前有一池，水极清冽，碧梧垂柳掩映于新花老树之间。其后即内宫门。楼后有瀑布一条，高丈余，其声琅然，尤妙。

礼王园位于海淀镇西南，呈东西长方形，占地 0.34 公顷。东南部为曲尺形寝居区。大门东向偏南，门内花岗岩铺砌石道，两侧各建排房十数楹，西入二宫门为园林区。花园亦设南门，分为前园和后园，成对称式布局，前园严谨，后园活泼；东偏另辟山林野景带。园内景区以假山叠石分割，形状各异，独立成景。礼王园中花木甚繁，春有玉兰，夏有合欢，秋有红枫，冬有蜡梅，四季花开不断。园中花木，芙蓉与桃叶茅对植，合欢树与樱花对植，古楸树对称栽植，独具匠心。园中山石之上，多有青藤引蔓，宛若苍龙戏水，游于树、草、花、石之间，颇具江南园林之美。园中叠山势若天成，极有名山仙洞之姿。园内亭台楼阁，雕梁画栋，为京郊著名宅园之一。清代末年，礼王府日渐衰败，为偿还万银巨债，以园相抵，易主同仁堂乐家。至此，礼王园转而成为乐家别墅，更名为"乐家花园"。部分庭院辟为药圃，种植花卉及名贵药材。

自怡园位于长春园东部，万泉河以西一带。为康熙年间武英殿大学士明珠的邸园，建于康熙二十六年（1687年），由清初山水画家叶洮设计。园盛时有21景：箟筜坞、双竹廊、桐华书屋、苍雪斋、巢山亭、荷塘、北湖、隙光亭、因旷洲、邀月榭、芦港、柳汀、茨汊、含漪堂、钓鱼台、双遂堂、南桥、红药栏、静镜居、朱藤径和野航等。其中水景占有一半。

澄怀园位于圆明园东南，俗称翰林花园。澄怀园山水兼备，园中有五组建筑群，有乐泉、叶亭、竹径、东峰、影荷桥、药堤、雨香汧、洗砚池、乐泉西舫、食笋斋、矩室、凿翠山房、近光楼、砚斋、凿翠斋、秀亭、翠云峰等二十余景。

自得园为果亲王允礼的赐园，占地约五十余亩。园门建在东南隅，坐北朝南。入园，迎面为一座叠置山屏，山势雄伟，耸翠逼人。步出山口，为一条东西河渠，过桥迎面为春和堂。春和堂四面环水，堂额为雍正三年(1725年)所赐。春和堂东侧叠烟雨矶，峰势高耸，秀润奇峭。堂西部置燕子矶，取自南京燕子矶之景观。春和堂北过汉白玉石桥为小山居。院中建有敞亭、曲廊和厅堂。厅后一院，开阔空旷，院中散置峰石，间植翠竹，郁郁葱葱。经小山居西游廊折而西，为园中主体建筑心旷神怡，南临河渠，西临池沼。前面近山处为向日轩、来青榭。园东北隅建城关一座，城上建平台，名揽云台。登台可尽揽园中景色。台东建敞宇，台西有小院，宇西建一座四角方亭，过亭为静观楼。楼西连接曲廊，达临池敞宇。楼南,池水由西向东,为西湖与东湖的分界处。溪岸南北横跨廊桥,桥上建亭，桥名林河画。过桥折而东达燕子矶景区，一湾池水由西而东，池岸种植河柳，名带柳堤。池边一四角方亭，名欣然亭。静观楼西有一组建筑群，名曰澄观书屋，后为碧桐院。澄观书屋前有出水码头。园之西部翠拥亭四周环山，名拥翠峰。山口处建西山晴雪轩。过山为阿梵寺，坐落于园的最西端。出山口，湖边有一组圆形水廊，外廊南有延月楼，廊西建一座四角方亭，亭西有轩。延月楼之西，有小溪曲折向南延伸，东岸建一座高台，台上建方亭。过亭而东，沿北山叠置峰石，再南为池水一泓，池东岸建敞宇，廊庑相接，轩馆横列其中，宇东有含润轩。含润轩西对河岸边，有一方池，池西建小亭，有短廊通观鱼乐小堂。堂前后群峰环抱，杂植花卉，碧水周遭，为园中僻静幽深之处。出含润轩乐月门，叠置高大假山，中藏洞屋。过洞为一小院，正宇西接曲廊，折而南至流杯亭。亭南有桃源洞，亦称小桃源。小桃源山之北有东西小溪，南岸建绿满轩，沿河建沿河廊。

　　清代北京的宅园，造园艺术更加精巧，文学情趣增加。

　　麟庆的半亩园位于东城弓弦胡同，麟庆字见亭，著有《鸿雪因缘图记》，其中的《半亩营园》《拜石拜石》《嫏嬛藏书》《近光伫月》《园居成趣》《退思夜读》诸篇，均是记述和描写半亩园景物的。园之正堂名曰云荫堂，正堂旁有拜石轩、曝画廊、近光阁、退思斋、赏春亭、凝香室等建筑。当时各室都陈设一物，正堂陈设流云槎，"永保尊彝室"专陈鼎彝，"嫏嬛藏书"专门藏书，"拜石轩"专陈怪石，"退思斋"专收古琴。云荫堂南有水池，池中筑亭，有双桥可通，名曰流波华馆。园中假山多为土山带石，只有少数单纯以石叠成。"半亩园纯以结构曲折，铺陈古雅见长，富丽而有书卷气，故不易得"。又有《鸿雪因缘图记》的传播，一时成为著名园林。

怡园位于宣武门外，东起米市胡同，西至南半截胡同，南至南横街。康熙年间，宛平人大学士王崇简、王熙父子聘请当时在京营园的江南叠山高手张然为之营造。王熙曾请内廷著名画家焦秉贞绘《怡园图》（现藏浙江省博物馆），图中主要建筑有临水的三间楼房两座，正中一楼后面又有院落。楼前有池塘，其南边有亭榭、假山。南北以靠近两岸的贴水双栏曲桥连通。西部有两座平房跨院。园中广植松柳。据《怡园图诗》等记载，园中有听涛轩、翠虬坞等26景。怡园至乾隆时逐渐毁废。之后，房屋被拆卖，空地上盖起了官房。旧时的四松亭，构于松石之间，又筑有椒书屋。

冯溥万柳堂位于外城广渠门内东南角，占地2公顷。原系一片积水的洼地，冯氏购得后开辟为园，开挖沟池，聚土为山，围以矮墙。园中建御书楼五楹，清圣祖御书额曰简廉堂。万柳堂以柳造景，"长林弥望，皆种杨柳，重列叠行，不止万株"。万柳堂建成后，各地名士曾到此聚会、赏景，多有题赋。康熙十八年（1679年），各地儒士来京应试，冯溥邀请待诏名士来园中宴游，留下了许多诗文，万柳堂声名益著。

可园位于皇城东北角帽儿胡同，建于咸丰年间。园主人为武英殿大学士文煜，园内有石碑文称："凫渚鹤洲以小为贵，云巢花坞唯斯幽。若杜佑之樊川别墅，宏景之华阳山居，非敢所望，但可供游钓，备栖迟足矣，命名曰可。"可园在府邸的东部，南北长约 100 米，宽近 30 米，面积不足 0.3 公顷，是一座两进的小型花园。园以建筑为主，山水为辅，以树木为缀景。主体建筑置于中轴线上，将全园分隔为前后两个部分。前后两进，主次分明，格调亦不相同。前园疏朗，后园幽曲。东西有游廊与之相通。其他建筑均依周边而设，东西两面则以廊为主。西面建筑体大而量小，东面建筑则体小量多，且形式多变，高低错落。前园南部有假山、山洞，山后有曲径通至山洞，过山洞则满园花草，中有两条石子小路。假山东端有六角攒尖小亭，满绘苏式彩画。假山东边有雕饰精美的彩绘游廊，廊东有一组更高的假山，上建敞轩。园中满布松、槐、柏、丁香等花木，还点缀有太湖石、日晷及石剑。园北有正房五楹，左右为耳房。正房东边与游廊相接，游廊依山势由高而低直通后园。入后园为一座假山，由东斜插院中，东北面水榭周围有另一组假山。水榭下有山洞，环洞有石山相连。水

可园

榭周围有水池相绕。后园亦槐荫满园，极为幽静。可园的假山较有特色，前园为外石内土、包石不见土做法，采用青云片和房山石两种石材，分别用于山之南北两面。山南为青石叠成，山之北面则以房山石竖纹为主。后园的假山皆为房山石。

余园亦称漪园，位于东城王府大街北口东厂胡同。瑞麟邸宅在西部，花园在东部。花园中广植树木花卉，并点缀以太湖石、台榭和假山。园之东西各有一湾小溪，汇集于东门口的月牙池，取名为漪园。每逢重阳之日，就假山上支起蒙古包，邀亲朋好友，登高雅集，以烤羊肉大飨宾客。光绪二十六年（1900年），八国联军入侵北京时，漪园惨遭蹂躏，不久又转入德军之手，改充野战医院。光绪三十年（1904年）漪园改名余园，取其"劫后余存"之意。余园是北京最早开放的一座私家园林。园中开设有饭庄、茶室，还有照相馆。1949年以后归中国科学院，辟为图书馆和考古所，后改为近代史所，将大量古建筑、民国建筑拆除，修建新的办公楼。

那桐府花园位于东城金鱼胡同，为宣统间大学士那桐的府邸花园。那桐府分东、西两个部分，西部为府邸，东部为花园，一般称其为那家花园。那桐府大门以内，东西各有一座院落。东部为一小院，院北有游廊，游廊正中为方亭，穿过方亭即为花园；西部为设有厅堂的一组院落，其东北有曲廊与花园相连。花园东、南、北三面建有围廊，园西北端筑高台，廊南连接一座半圆亭。花园中部、西部为池，东部为山。水池面积约0.02公顷，池周点缀以山石。山用青石叠筑，高约4～5米，山东麓有一座六角亭。

山顶有两座平台，登临山顶可俯瞰全园景物。池西太湖石环绕的高台上有一座勾连搭卷棚悬山建筑，南北两端连接叠落廊。园之西南隅有一半圆亭，与台上建筑相呼应，也是由西面府邸进至花园的入口。水池正南有曲廊和方亭，既是前院的一个组成部分，又是花园内的观景建筑。花园内植有合欢、海棠、丁香、山桃等花木，春夏秋三季均有名花可赏。1912 年（民国元年），孙中山应袁世凯邀请来京，共逗留 25 天，曾三临那桐府花园。

辛亥革命后，不少过去的王公贵胄，因无生计而将邸宅变卖，被改作他用。西郊的礼亲王花园和僧格林沁花园等宅园，相继被同仁堂乐家收买，有的成了养鹿场，有的成了药圃和果园。蔚秀园、朗润园、镜春园、鸣鹤园等先后归燕京大学（今北京大学）所有，有的成为教职工家属宿舍，有的建为校园；清华园则用于开办清华学堂（今清华大学），后来近春园亦划入清华校园；恭王府为辅仁大学收买，作为女校校舍及司铎书院；郑王府则售与中国大学。也有不少宅园，由于失之维修而废圮。

民国期间，私人宅园不断增加。从辛亥革命至"七七事变"前的 20 多年中，新建宅园、山庄、别墅有 40 多处。

1917 年（民国六年），熊希龄在香山修建双清别墅。

1918 年（民国七年），徐世昌、曹汝霖在汤山建造别墅，园内多枫树，秋深叶红，与青翠松柏相映成趣。旁有更衣亭，其后有绿竹千竿，上有草亭，风景幽雅。

1919 年（民国八年），清末营造家马辉堂在东城魏家胡同，建造什锦花园。马辉堂花园坐南朝北，入门即是花园，中为住宅，东为戏楼，占地面积约 0.7 公顷。住宅部分有两个并列的四合院，有转角走廊相连。东边戏楼与正房院相连处，也有些山石点缀。西边的花园部分，有五组假山、水池，以不同形式遍布全园。北面最大的一组假山，山顶建有大型台球房，房西侧为供奉鲁班和财神的大殿。园中偏西处有一处大型房屋，出后抱厦，为马辉堂本人的居室。花园中间有一座大客厅，厅西为佛堂花洞，最南端为书房。园东有一带坐凳栏杆的走廊，可通住宅、客厅及花园各处。园东南还有一座井亭。整个花园山石布局得当，花木扶疏，别有情趣，是民国时所建宅园中具有代表性的一座。

《燕都丛考》作者陈宗藩的淑园在米粮胡同，有大木数章，荫可数亩，间以松、槐、榆、柳等树，桃、杏、李、梨等果，海棠、玫瑰、紫薇、芍药等花，并将余土堆积为小山，辟小池荷花，园内还有菜圃，杂植瓜豆等蔬菜。

刘文嘉的契园在新街口北，园内建有温室、花亭、假山和陈列室，为艺菊园圃。

达园位于京西海淀镇北二里许，建于 1919 年至 1922 年。达园园门坐西朝东，南北建粉墙一道，中开月洞门。入园门，迎面叠置一座高大的太湖石假山，峰石玲珑，秀润多姿。假山南侧草坪上，置清高宗御书前湖诗碑，系东北义园从西扇子河移置于此。绕过峰石辟东西甬路，可达西部土阜堆石小山。山麓散置山石，山顶建一单檐六角亭。下山折而北，有小溪一道，上建汉白玉精雕石桥两座。石桥原为圆明园旧物，即九州清晏前湖东西两端的金鳌、玉蝀桥。过桥至园之北区，分布有四组建筑群，为宴请宾朋和寝居之处。园北有土山一道，山上建方亭一座，再东为善缘庵。达园南部以开阔水体为自然空间，池沼的北岸建东西水榭游廊，将南北景区分隔开。池的东北岸建一座小型船坞。折而南，有长堤可达湖心岛。湖心岛中央建一重檐石柱六角亭，系从温泉明秀山庄移建于此。

北平解放前夕，尚有明、清以来的私人宅园 100 余处，其中具有园林艺术价值的还有 60 余处。1982 年，国务院公布恭王府及花园为全国重点文物保护单位。1984 年，北京市第三批文物保护单位增加了私人宅园类型，全市共有 3 处宅园被公布为全国重点文物保护单位，12 处宅园被公布为北京市文物保护单位，其中私人宅园 7 处：恭王府花园、可园、婉容旧居、乐善园建筑遗存、乐家花园、达园和北新华街 112 号宅园。名人故居 2 处：宋庆龄故居前身是清代醇亲王府花园，郭沫若故居前身是民国时期乐家花园。

郭沫若故居

宅园集萃

恭王府花园

恭王府花园位于西城前海西街,是道光第六子恭亲王奕䜣的府园。恭王府花园是恭王府的一部分。

恭王府由府邸与花园两部分组成,南为府邸,北为花园,总面积 6.1 公顷。

恭王府花园,名萃锦园,占地 2.6 公顷。园内建筑亦分中、东、西三路。中路中轴线与前府的中轴线贯通。

正门为一座西洋式雕花拱券门,俗称洋门,位于花园中轴线的南端,门内左右有青石假山,正面迎门为一座柱形太湖石,上端刻独乐峰三字。石后为一蝙蝠形小水池,名福河。福河后为正厅安善堂,东西各有配房,东曰明道堂,西曰棣华轩。安善堂后又一方形水池,池后是全园最高的一组假山。山顶有三间敞厅,名曰邀月。邀月厅两侧,有爬山廊直通东西配房,西配房名韵花簃。假山下构石洞,洞内有一方"福"字石碑。中路最后的主体建筑,平面呈蝙蝠形,五楹,称福殿,俗称蝠房子。前后东西四面各接出三间有如蝠翼呈直角的耳房,形制特殊。

花园东部，第一进院落墙中间为一座垂花门，门内有龙爪槐四株。垂花门前偏西南处为一座八角形流杯亭，名沁秋亭。院内有东房八楹，西房三楹，正北为王府大戏楼，其北为怡神所。戏楼北面院内，有东房两楹，北房五楹。

花园西路，最前面有一段城墙式围墙，辟有券洞，额书榆关。榆关内有敞厅三楹，名秋水山房。东有妙香亭，西有益智斋。再北有一较大的水池，池心有水座，即和珅时的观鱼台，奕䜣时改名诗画舫。池北有五楹两卷房，名澄怀撷秀，其东耳房名韬华馆。再北为王府花房。园西侧有一南北向土山，自榆关以西一直延伸至澄怀撷秀西侧。西路的大型建筑，用游廊连接。

萃锦园院墙，均用城砖砌筑。

民国以后，恭王府及花园被溥伟、溥儒兄弟抵押给西什库教

恭王府花园大门

堂。后因溥氏兄弟无力偿还押款，1932年由罗马教廷开办的辅仁大学代偿了押款，产权遂归辅仁大学所有。辅仁大学占用期间，在花园西北角建起一座三层楼的司铎书院，拆除了花洞及花神庙。

中华人民共和国成立后，恭王府及花园先后由艺术师范学院、中国音乐学院、文化部艺术研究院等单位使用。

恭王府及花园是目前北京保存最完好的府邸与花园并存的清代王府，其布局基本保持乾隆晚期和珅建第时的面貌。1982年国务院公布其为第二批全国重点文物保护单位，国家文化部文物局（国家文物局）还组织了恭王府修缮管理委员会，拨专款进行修复，开始接待游人参观游览。

醇亲王花园——宋庆龄故居

宋庆龄故居位于西城区后海北沿46号，面积为3公顷，原是清代醇亲王花园。

醇亲王花园在府邸之西另开一门，进垂花门有一座大厅，匾额"宝翰堂"。大厅之西有一随墙壁门，过游廊桥面对一小湖。湖边亭台回廊四起，湖面清波荡漾，亭上悬额"恩波亭"。湖北岸大厅是园内主屋，周廊外是垂柳。园西有一条小溪，园的东、西、南三面有缀石的土山，山坡上众树参天，看不见围墙壁。登山可以俯视后海，还可远眺西山秀色。土山西南坡上为扇式箅亭和听雨轩，山下有南楼。北岸大厅后院有戏台，还有畅襟斋。戏台院的后面有一长溪，临溪有层楼横亘。园内树木多槐、柳，花木有

宋庆龄故居

海棠、玉兰、牡丹。

宋庆龄（1893—1981年），历任中央人民政府副主席、中华人民共和国副主席、全国人民代表大会常务委员会副委员长、中华人民共和国名誉主席。宋庆龄从1963年至1981年5月29日一直在这里工作、居住。于1982年5月29日宋庆龄逝世一周年之际正式开放。1988年1月，国务院公布其为全国重点文物保护单位，保留和恢复了宋庆龄生前工作、生活起居的部分原状。

故居门前是风景秀丽的后海，天水相映，碧波涟漪，岸边杨柳轻扬。故居里的主要建筑是清一色的灰筒瓦卷棚式顶。其中有前厅"濠梁乐趣"（原名益寿堂，对面是戏台。"濠梁乐趣"匾原挂在戏台后台的南面，前临南湖，故借用庄子《秋水》篇里知鱼之乐的典故而名。在改建时，拆除了戏台等建筑，将此匾换在益寿堂上）、后厅"畅襟斋"、东厢"观花室"、西厢"听鹂轩"（因接建主楼，而将"听鹂轩"匾移到"畅襟斋"的东耳房上）。这一组前厅七间，后厅五间两进，两厢各三间的四合院和新建的二层主楼，由一条蜿蜒的游廊与隔湖相对的"南楼"相连。南楼两侧的假山上，东有扇面形的"箑亭"，西有角形的"听雨屋"，遥相呼应。在南湖的东北角上，是六角攒尖顶的"恩波亭"。

宋庆龄故居长廊

宋庆龄喜爱花草和树木，在主楼的一些主要房间里，一年四季都有鲜艳的花朵和常青的花草。在主楼前种植一排宋庆龄钟爱的各色月季花。在主楼和南湖之间的草坪上，摆放着各种各样的花木盆景，其中有周恩来总理和邓颖超送的石榴树、陈毅送的榕树、廖承志送的凤尾葵、傅作义送的蜡梅、美国作家埃德加·斯诺先生送的梅花。更有宋庆龄所钟爱的石榴树桩盆景，这盆盆景植于乾隆年间，至今已有200多年，而桩景又植于明代紫砂盆中，更显珍贵，被誉为国宝盆景。

园内现有古树60余种，100余株，其中属国家一、二级古树的有30余株，松柏古槐、高榆垂柳、桃李果木、绿竹新篁，四季常青。

宋庆龄生前，"濠梁乐趣"曾为大客厅，"畅襟斋"是大餐厅，宋庆龄在这里曾多次与国家领导人共商国家大事，会见和宴请过许多国外贵宾、海外侨胞和国际友人。宋庆龄逝世后，这里辟为宋庆龄生平展览室。主楼的小客厅、小餐厅、卧室和书房，主要陈设保持宋庆龄生前原貌。

双清别墅

双清别墅位于香山公园东南，原为静宜园松坞云庄、双清胜景旧址。

相传金章宗猎鹿于香山，在山坡上小憩，睡梦中引弓射箭，箭落之处突然有泉水涌出。醒后，命人在梦中落箭处开挖，果得甘泉两眼,遂起名"梦感泉"。

　　清代,乾隆八年(1743年),清高宗初游香山曾在此小住,把梦感泉改名双清,并在泉旁石崖上题刻"双清"二字。

　　1917年(民国六年),河北督办熊希龄在此修建别墅。别墅东面有一小门,门额刻有"双清别墅"四字。院内有一幢坐北朝南的中西合璧式的粉白平房,房前一池清水,池水四周绕以弯曲的汉白玉石栏,池畔为一座红顶六角攒尖凉亭,名"梦泉亭"。凉亭中间设有石桌和"磁鼓"坐凳。在水池和凉亭旁边有古银杏树和古藤,四周山坡上长满松、槐、丁香、核桃等树木。环境清新、

双清别墅院落

幽静。

　　1949年3月,中国共产党领导机关从河北平山西柏坡迁至北平。毛泽东在双清别墅指挥了解放全中国的伟大战役,发表了《论人民民主专政》《南京政府向何处去?》等重要文章,写下了《人民解放军占领南京》诗篇,还在这里筹备了中国人民政治协商会议第一届全体会议的召开。

北京历史宅园名录

辽 代

赵延寿别业

金 代

临锦堂　　　钓鱼台

元 代

杏园	廉园	远风台	匏瓜亭
野春亭	遂初亭	玩芳亭	饮山亭
婆娑亭	葫芦套	种德园	阿合马花园
宋子玉园	柏溪亭	漱芳亭	南野亭
玉渊亭	祖氏园	垂纶亭	都南张氏园
万春园	姚仲实园	双清亭	符氏雅集亭
贤乐堂	清胜园	甄氏访山亭	水木清华亭

明 代

吕氏园	湛园	抱瓮亭	宣城第园
陈家园	郝家亭子	杨氏园	泌园
陆舟	为园	英国公园	适景园
曲水园	宜园	月张园	宣家园
虾菜亭	漫园	太师圃	镜园
方公园	刘茂才园	混园	杨园

槐楼	清华园	勺园	韦氏别业
张公园	齐园	白石庄	郑公庄
王园	英国公新园	方家园	张家园
房家园	傅家东园	傅家西园	金园
李皇亲新园	田皇亲园亭	傅家园	洪仁别业
李宁远圃	万都尉园	势家庄园	孙承泽别业
十景园	李本纬园	王英园	李时勉园
杏园	梁园	海月庵	月河梵苑
章氏家园	耿氏房园	午风亭	西涯
东郭草亭	何将军别业	郭南废园	祝氏园

清 代

退谷	城南张氏别墅	万柳堂	怡园
寄园	无逸斋	康亲王园亭	王熙别业
贾家花园	宦家别业	龚芝麓别墅	芥子园
李将军园	同园	忏园	陈元龙园亭
刺梅园	封氏园	祝家园	南园
祖氏园	年氏园	自怡园	洪雅园
澄怀园	渌水亭	日涉园	金碧园
野园	绚春园	祝家园	查氏园
阮氏园亭	小秀野	六枳园	接叶亭
张惟赤新园	醉经堂	四松堂	四屏园
孙氏别业	众春园	吴氏园亭	容园
褚氏园	目耕园	郊园	佟氏园
交辉园	萼辉园	王氏园	疑野山房

仪王府花园	云绘园	半亩园	蝶梦园
土默特贝子第花园		成王府花园	杨氏园
洪庄	徐氏园	李氏园	芑园
阅微草堂	壶园	多氏园	安亲王园
在园	惠园	忆园	索相国园亭
王孙园	郑王府园亭	十笏园	桂莒园
傅东山园	穆赫林园	竹叶亭	醇王故府园亭
盛昱园	且园	春和园	宝园
履王府花园	小西涯	恭王府花园	鉴园
野圃	述园	彭启丰园	许乃普园
一亩园	王氏轩亭	冯园	继园
朗润园	蔚秀园	清华园	长龄园
柏园	英和园	海年园	汪由敦园
岳琪园	延煦园	豫师园	余园
魁龄园亭	奎训花园	半园	完颜松裔园
独往园	小江南	槐园	花坞书屋
和相废园	苏园	诚氏园	东皋别墅
四松草堂	桂文敏园	怡亲王园亭	养园
白相国别业	近园	养年别墅	鹿传霖园
那家花园	崇绮园	陈璧园	张百熙园
阌公府花园	止园	增旧园	巴园
泊园	庆王府花园	且园	亢家花园
方盛园	振贝子园	崇礼宅园	可园
婉容旧居宅园		和敬公主府花园	

内务部街11号花园	府学胡同36号花园	循郡王府花园
西堂子胡同25至37号花园	荣禄故宅园	绮园
北沟沿胡同23号宅园	桂公府花园	礼王府花园
黑芝麻胡同13号花园	美术馆东街25号花园	盛园
顺承郡王府花园	前公用胡同15号花园	涛贝勒府花园
李莲英宅园	永山宅园	何魁山庄
鸡鸭佟宅园	承泽园	萨利宅园
德贝子花园	镜春园	

中华民国

鹫峰别墅	澹园	适园
愉园	礼塔园	淑园
稊园	张园	徐世昌别墅
双清别墅	礼士胡同129号花园	马辉堂花园
鼓楼东大街255号花园	乐家花园	北新华街112号花园
西四北三条11号花园	学院胡同39号和屯绢胡同32号花园	

契园菊园	乐家花园	达园	贝家花园
吴家花园	程家花园	杨家花园	周家花园
益寿园	王家花园	静园	幻住园
方园	袁氏别墅	王氏别墅	刘哲别墅
宋氏别墅	滴翠山房	堆云山庄	孙家花园
柳溪山房	夏园	王荫泰别墅	兰溪别墅
陈氏别墅	钱氏别墅	钟氏别墅	冯氏别墅
庄士敦别墅			

后　记

北京的古典园林是北京历史文化的重要组成部分，承载物质和精神的中华文明的辉煌，我有幸从20世纪90年代开始参与《北京志·园林绿化志》的编修工作，不仅接触了一大批资料，关键是对相关的内容倾注了情感，还结识了一大批造诣颇深的研究人员，实感幸运。在承编《京华通览》的工作中，我自告奋勇承担《北京古典园林》的编纂工作，又再一次把相关的志书和资料系统地梳理一遍，感慨颇多。

我敬重我们的前人给我们留下如此恢宏的皇家园林、坛庙园林、寺观园林、私家宅园，这是中华民族的宝贵财富，她不仅属于中国，她是整个人类智慧的结晶，是人类的骄傲，我们用什么样的情感都无法表达对她的爱，用什么样的语言和文字都无法完整地表达出她的壮观，她的秀美，她的情怀，她所承载的艺术的、哲学的、历史的、自然科学与技术的境界，我只能以虔诚的心态来尽心竭力地对待每一个字符。

我敬重参与《北京志·园林绿化志》编修的前辈与同人，我是在他们的基础上做的编纂工作，应该记住他们，当时的主编是徐德权，他做了大量的基础性的工作；执行主编是李临怀，他以高度负责的态度通纂了全志；办公室主任先后是魏平苏、王来水，认真负责的组织工作让我难以忘怀；参与撰写的还有马鸿图、司光中、白珍珍、孙志远、孟亚男、武裁军、袁长平、李鸿斌等，他们艰苦的付出，留下了难以计数的宝贵资料和一部完整的志书，我大量利用了他们的现有成果，他们是这部书稿的重要作者，其中我的两位兄长英年早逝，他们的音容笑貌时时浮现眼前，我知道只有做好他们未竟之业，才是对他们最好的纪念。

我在编纂整理过程中，得到了相关单位的大力支持和协作，园林系统的老朋友们为我提供了配图照片、史料的核实，有些历史图片选自于《故都文物略》，还有的选自于文物局文物普查的资料，特别是本书的编辑王岩、孙菁女士付出了大量心血，进行文字与图照的编辑，得以如期出版。一并表示谢忱。

我尽管倾注了心血，但毕竟限于学识和专业的限制，错误之处在所难免，恳请赐教。特表示由衷的感谢！

编著者

2017年10月7日书于三星斋